文本，就是詞語崩解之處；

存有，就在文本之中出現，以及隱蔽。

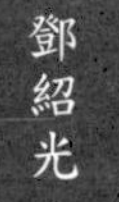
鄧紹光

Where Word Breaks Off The Philosophical and Theological Reflection of the Brokenness of the Way / Logos apart from the Word

言離道斷的神哲學反思

詞語破碎處

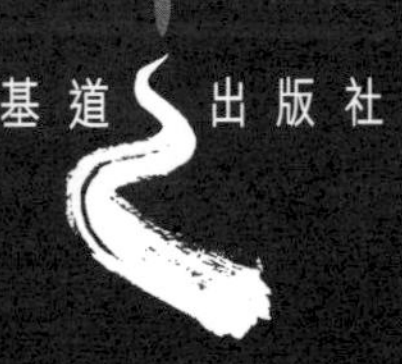

基道出版社

▼

詞語破碎處

言離道斷的神哲學反思

Where Word Breaks Off

The Philosophical and Theological Reflection of the Brokenness of the Way / Logos apart from the Word

作者
鄧紹光 Andres S. K. Tang

責任編輯
吳國雄

裝幀設計
奇文雲海

攝影
馮啟仁

■

出版／發行
基道出版社
香港沙田火炭坳背灣街26號富騰工業中心1011室
LOGOS PUBLISHERS
Unit 1011, Fo Tan Ind. Centre, 26 Au Pui Wan St., Shatin, Hong Kong
電話：(852) 2687-0331　傳真：(852) 2687-0281
網址：http://www.logos.com.hk

承印
海洋印務有限公司

●

7/2007 初版
Cat. No. LP 236
ISBN: 978-962-457-331-2

Printed in Hong Kong

本書大部分圖片攝影及加工由馮啟仁先生義務協助，特此鳴謝。
Fung Kai Yan, http://61226.com

刷次	10	9	8	7	6	5	4	3	2	1
年份	2016	2015	2014	2013	2012	2011	2010	2009	2008	2007

曾序

曾慶豹博士為台灣中原大學宗教研究所教授兼所長（文化批判理論及神學）。

金日1戈水3月戈6（速成）

寫於詞語破碎時

2007/5/10

陳序

二十世紀之西方哲學有一特質，就是「語言」和「時間」成為了主要課題。對「語言」之探索在分析哲學方面肇始於羅素（Bertrand Russell）、維根斯坦（Ludwig Wittgenstein）、卡納普（Rudolf Carnap），而集大成於哈伯瑪斯（Jürgen Habermas）的「形式語用學」；在現象學方面則是建基於海德格（Martin Heidegger）的晚期思想。而關於「時間」之研討，可以溯源至柏格森（Henri Bergson）的生命哲學；其後胡塞爾（Edmund Husserl）、海德格、沙特（Jean-Paul Sartre）和梅露—龐蒂（Maurice Merleau-Ponty）等分別提出了不同的時間現象學理論。最後，德里達（Jacques Derrida）之「迹冥論」為綜合「語言」和「時間」這兩大課題奠下了基礎。立足於這些豐碩成果之上，可以見出二十一世紀東西方比較哲學之新方向。本書作者之嘗試，乃係順應此一新發展而生，其努力至為值得肯定。

若果說分析哲學基本上是從一「理性的觀點」來探索語言，那末晚期海德格則是取徑於以「詩性語言」作為典範。在前者之進路中，邏輯始終以不同姿態居於中心位置；但後者則念茲在茲地要克服「邏各斯中心主義」（logo-centrism）。德里達之「迹冥論」的任務便是通過「語言」的「時態化」來達致這項目標。

對於德里達的「Grammologie」之所以譯作「迹冥論」，其主要理由在於德里達這部工作可以說是緊扣晚期海德格「真（*a-letheia*）作為一開顯和隱閉的雙重過程」一論旨來展示語言本性之產物。此中，本「迹」與「開顯」、「冥」與「隱閉」一一對應。當然，其另一立足點則為海德格之「語言是存有之家」一基本立場。而從一道家角度來說，這是深得老子「知白守黑」思想個中奧妙之晚期海德格在德里達身上之開花結果。於這點上，德里達對發展晚期海德格的貢獻可與王弼和郭象之「新道家」的「語言性轉向」等量齊觀！從本書作者通過德里達之「迹冥論」以闡揚道家語言觀之玄義，復申明龍樹文字般若之深意的種種成就，應可為此一譯名多添一重安立。究極而言，「迹冥」不也是「名可名、非常名」的「所以迹」嗎？

陳榮灼

二〇〇七年於尼亞加拉瀑布畔

陳榮灼教授為加拿大 Brock University 之 Department of Philosophy 的 Associate Professor。

或序或跋

「文本以外無一物。」

這裏的七篇文章除了〈一種空的文字學〉之外，都曾經在不同的文本中出現過，其中〈再思言與道〉、〈禪宗與巴特的語言文字觀〉、〈自然．道言：道家的道言觀之再思〉和〈記憶．文本．實踐〉都分別在加拿大的溫哥華、中國的西安、台灣的台中，以及香港的華夏書院和道風山宣讀過，然後方才收錄於文集之內和刊行於期刊之上。[1] 而〈一種空的文字學〉

[1]〈再思言與道〉原係應維真神學院中國研究部之邀於一九九九年八月召開的研討會上宣讀，後以〈當代港台神學家的哲學視角〉為題被收於《衝突與互補：基督教哲學在中國》，許志偉、趙敦華編（北京：社會科學文獻出版社，2000），頁412～428。〈禪宗與巴特的語言文字觀〉則於二〇〇三年十一月二十一至二十四日由香港中文大學文化及宗教系等在西安舉行的「佛教與基督教對話國際學術研討會」上宣讀，原題為〈禪宗與巴特的語言文字觀——取道德里達〉。〈自然．道言：道家的道言觀之再思〉初稿曾於二〇〇四年六月五日在華夏書院、香港人文哲學會合辦的中西哲學講座（系列五）中宣讀，原題為〈從道家思想反思語言文字〉，後以〈道家哲學的道言觀之再思〉為題，刊於《復旦哲學評論》第3輯（2006），頁24～34。〈記憶．文本．實踐：莫特曼的盼望神學〉二〇〇六年五月二十日在台灣哲學學會

是在這六篇文章要結集一起時方才提起勁道下定決心完成的。這裏面最早的一篇是成於一九九九年的〈再思言與道〉，最晚的一篇則是二〇〇七年三月趕起的〈一種空的文字學〉。〈一種空的文字學〉的寫作一方面是因為寫過了〈道家的道言觀之再思〉，自然想到進一步探討佛教的語言觀。另一方面則在於前曾寫過了〈禪宗與巴特的語言文字觀——取道德里達〉，於是想到佛教自身實在涵有一種空的文字學，可以透過德里達（Jacques Derrida, 1930 ~ 2004，或譯德希達）的思想而發展出來。

可是，這裏的七篇文章，並不是每一篇彼此之間都在寫作時互有啟發，或是由這一篇而引生彼一篇。從歷史的角度來說，這七篇文章固然並非預先計劃而為一整體，然後按著情況一篇一篇的寫出來，也不是在實際的寫作中從這一篇牽引出另一篇，仿如《水滸傳》的人物出場那樣子，除了〈一種空的文字學〉。這就可以解釋這只是一本文集，而非德里達於《迹冥論》（*Of Grammatology*，另譯《論文字學》）[2] 所批評的「書本」（Book）。甚至，我這些文章，固然不是著作（works），但恐怕也不如海德格（Martin Heidegger, 1889 ~ 1976，或譯海德格爾）所講的道路。

這些日子以來，我的寫作研究，都沒有一種企圖要想建立甚麼宏大的系統，或是再現甚麼神學思想，這尤可見於收在這裏的文字。當然，焦點還是有的，然而，焦點只是一個思考的範圍、研究的對象，它並不預先規限著尚未進入思考路途所要走到的目的地。我所要說的是，我沒有預先設定的藍圖，我也沒有在思想的過程中去思考各種在個別的文章中所呈現的看法，它們彼此之間的關係是怎樣的。再簡單地說，這些文章若在重組的安排底下而顯現出某種一致性和融貫性，那是因為德里達所言的「文本以

於中臺科技大學舉辦的研討會「文本與實踐——解釋學與社會行動」中宣講，後又於同年六月十九日在香港道風山於神學人團契舉辦的第八屆學術會議上宣讀。

[2] Jacques Derrida, *Of Grammatology*, trans. Gayatri Chakravorty Spivak (Baltimore and London: The Johns Hopkins University Press, 1976).

外無一物」一語中的文本使然。我在這中間，並不扮演任何絕對的、統一的、主宰的角色。

我經常感到這些文章是我的副產品（論莫特曼〔Jürgen Moltmann, 1926～，或譯莫爾特曼〕那篇文章除外）。原因是它們都是出於偶然。偶然的意思是，我的教學沒有以此為內容，我的研究在比重上沒有花更多時間於此。我就好像一個閒蕩的路人，經過這些領域而感興趣，停駐下來而稍為思想多一些、閱讀多一點。然後因為某些會議、某些期刊、某些文集的邀請，於是發而為文，繼續在寫作中思想和閱讀下去。日子久了，就累積了這些文章。如此而已。所以，我只是在路途中因著接觸了文章中所述及的思想和文字，也只是在路途中因著不同的邀請，因而寫下了這些文章。我說的偶然，意思就是並非出於預先的計劃和安排。可以說，都是各有前因的，又或是，順其自然的。

當然，我仍然是走在一條道路之上的，不過這條道路是散漫的、未經深思的——誰能深思一條尚未走過的道路呢？雖然我們許多人極欲如此並嘗試實踐。更多時候，若要真能走向前面，往往必須忘記後面的來路。這樣的意思是，要向前走就必得擺脫背後一切的牽制。思考那不曾思考的領域，使得每一次的寫作都好像重新開始，並非容易。事實上，忘記背後，努力面前，並非一種完全否定過去的態度，真正的意思倒是要在絕對他者、絕對不在場底下來讓每一個過去、現在、將來成其所是，每一個過去、現在和將來都不是完全的在場，而只是這絕對他者、絕對不在場的出場而已。在這個意思底下，道路是痕迹，一直伸展下去，而隨著向前的伸展，後面的就會消失，至於眼前的道路，隨著一路走去，也終必消失。不過，這種消失，是一種幽靈義的消失，過後仍會留痕。

因此，文本，本是無本、深淵。一切事物都在這無本的和深淵的文本中成其所是。故說，「文本以外無一物」，我這本書寫文字的文集，亦是如此。其意義並非自足圓滿的，各篇文章落在彼此互為脈絡之中，固然可以顯出各別的意義；可是，整本文集或各別的文章在不同時間的處境中被閱讀，恐怕亦是另一次新的意義得以顯豁的條件。但願這裏書寫的學術文章，都能在以後的日子、不同的讀者、各別的脈絡／處境中而閱讀下去，使得其意義得以生成，其生命得以敞開而非自閉，從而離開既有的腳步，踏足那尚未思考的領域。

鄧紹光

二〇〇七年三月二十九日

或序或跋於香港 · 西貢北 · 西澳

一九九九

〈再思言與道〉。《中國神學研究院期刊》第31期（2001年7月），頁145～163。定稿：一九九九年七月十二日。

〈文字．虛擬〉一文曾以〈文字．虛擬——二十一世紀前的斷簡式前言〉為題，載《中國神學研究院期刊》第28期（2000年1月），頁63～79。定稿：一九九九年十一月一日。

二〇〇〇

〈關於痕／迹〉。載《痕／迹》，頁5～8。韓瑪紹著，莊柔玉譯。香港：基道出版社，2000。定稿二〇〇〇年二月二十五日。

〈神學——因他者而思〉。載《在信仰之思的途中》，頁159～179。鄧紹光編。香港：基道出版社，2000。定稿：二〇〇〇年七月十一日。

二〇〇二

〈遊於文字天地間〉。《獨者》第5期（2004年春），頁141～157。寫於：二〇〇二年五月至八月。

〈在可譯與不可譯之間．在圖畫與文字之間〉。載《荒漠的智慧》，頁xi～x。野村湯史著，莊柔玉譯。香港：基道出版社，2003。定稿：二〇〇二年十二月三日。

二〇〇三

〈彰顯中的隱藏：禪宗與巴特的語言文字觀——取道德里達〉一文以〈禪宗與巴特的語言文字觀——取道德里達〉為題，載《佛教與基督教對話》，頁281～290。吳言生、賴品超、王曉朝編。北京：中華書局，2005。定稿：二〇〇三年七月二十四日。

〈**德里達有(甚麼)(神學思考)的意義？**〉。《道風：基督教文化評論》第20期（2004），頁159～179。定稿：二〇〇三年八月三十日。

二〇〇五

〈**自然．道言：道家的道言觀之再思**〉一文以〈道家哲學的道言觀之再思〉為題，載《復旦哲學評論》第3輯（2006），頁24～34。定稿：二〇〇五年一月三日。

〈**因詩而思**〉。《基督教週報》第2111期，2005年2月6日，頁9。定稿：二〇〇五年一月廿八日。

二〇〇六

〈**我……愚……愚拙地……傳講……傳講……愚愚……拙的福音**〉全文以〈我愚拙地傳講愚拙的福音〉為題，分四期載於《基督教週報》第2215期至2218期，2007年2月4日至25日，頁4。定稿：二〇〇六年二月十二日。

〈**記憶．文本．實踐：莫特曼的盼望神學**〉。《山道期刊》第17期（2006年7月），頁138～150。定稿：二〇〇六年四月二十三日。

〈**印刷的文字．無用的裝幀**〉。《基道文字通訊》第32期，2007年2月，頁2～3。定稿：二〇〇六年十一月十八日。

二〇〇七

〈**詞語破碎處，無物存在**〉，「詩外」。《寂入流感》。莊柔玉著。香港：新華書城，2007。定稿：二〇〇七年二月十八日。

〈**一種空的文字學——從龍樹到德里達**〉。定稿：二〇〇七年三月二十三日。

目錄 CONTENTS

C O N T E N T S

C O N T E N T S

存有，就在文本之中出現，以及隱蔽。

Speech
and
Phenomena
And Other Essays
on Husserl's
Theory of Signs
Jacques
Derrida
The Conflict
of Interpretations
MARTIN HEIDEGGER
BEING
AND
TIME

因他者而思

我的神學思考，乃在回應他者之中進行著。

……

人面對自己的遭遇，不能以反思的方式來掌握；

並且，人面對上帝的經歷，也不應以反思的進路來認識。

要思考上帝，就要追蹤上帝的痕迹，

卻不能囿於其留下的痕迹，

只能順著其痕迹走下去，思考下去……

因此，思考上帝就只能是回應式的……行進中的、動態的；

不是當下圓滿的，而是終末導向的。

神學——因他者而思

我的神學思考，乃在回應他者之中進行著。

一

不幸，生在這個崩解的時代，既不能不識不知，順帝之則，復不能只順藝術性的興趣之鼓舞自娛，更無大聖人渾化之根器，則其破裂偏傾而有擔負之苦，亦勢所當然。我以孤峭乏潤澤之生命，只能一往偏傾，求其生命於抽象之域，指出時代癥結之所在，凸出一思想系統以再造。甘願受此痛苦而不辭，則亦安之若命也。我們這一代在觀念中受痛苦，讓他們下一代在具體中過生活。[1]

——牟宗三

[1] 牟宗三：《生命的學問》（台北：三民書局，1970），頁6～7。

這是存在的悲情。並且，這是崩解時代中存在的悲情。因時代的崩解，而有個人生命的崩解。個人的病痛，實乃整個時代的病痛。因為現實的崩解，而無所安身，而落於破裂偏傾，而孤峭乏潤澤。此實無可奈何，而不可避免。只是，「一往偏傾，求其生命於抽象之域」，又是否必然的命途？又是否一個「只能」可以說得過去的？從具體的生活世界後撤，至一理性反省的知性領域，乃「一往偏傾」。由一往偏傾，而有一往破裂。生命是否必然如此？

即或如此，即或偏傾、破裂，「求其生命於抽象之域」，卻又豈只是一退縮自閉的舉動。「指出時代癥結之所在，凸出一思想系統以再造」，若具體之生活世界沒有崩解，又何以需要反省、疏解、再造？因而一往之偏傾、一往之破裂，乃成必然。只是，能否轉過來，而復歸具體無破裂的生活世界？反省、疏解、再造，實乃一於抽象中悲情的回應。因為不捨、愛顧，而有反省、疏解、再造；因為此一反省、疏解、再造，乃偏傾、破裂的生命駐於抽象之域而成一往偏傾、一往破裂，而為悲情的回應。

由此，而可以說，雖處於抽象之域反省、疏解、再造，雖後撤、離開具體生活世界，這一舉動，總是一回應，一對崩解時代的回應，一以其崩解的生命對崩解時代的回應。故說這是一悲情的回應：一往偏傾、一往破裂的悲情的回應。於此，即可見生命存在的複雜性與弔詭性。說複雜性，一在於個體的生命總跟時代的精神糾纏不清，正面反面，總難一刀兩斷；二在於具體的生活與抽象的反思，縱然各屬不同的活動層面，但破裂卻將兩者連結起來，由此而可說弔詭。生命於具體之域與生命於抽象之域，在破裂中因為悲情的緣故，總是相反相成。弔詭的意思乃是說，生命於抽象之域，之所以如此，只為了復歸具體之域。於是，這當中就有一往偏傾、一往破裂的存在的悲情。

如此悲情，若無生命的實感，如何可能透入。固然，知性濃厚自可把玩牟宗三（1909～1995）這段文字說話，以證成偏向理論興趣的生命。實質，客觀的了解不夠，相應的體會不透，而純停留在超越現實、理論之在其自己的空靈境界。此即顯出閱讀主體的淺薄，缺乏存在的感應，因而也就停留在表層皮相的知性再造思想系統，無實感的抽空孤離。生命和學問，都虛而不實。無此生命的實感，則不能作生命的學問。只是，此種一往偏傾、一往破裂，雖則是生命的實感，但亦因為其為生命的實感，而不免為悲涼的。雖說「甘願受此痛苦而不辭，則亦安之若命也」，主觀的態度固然可以如此，但客觀上、理論上，又豈能如此。即或主觀上可以安之若命，卻不因此而能消除實在生命的偏傾、破裂。故主觀上安之若命，一也；客觀上不免悲涼，一也。而悲涼終不可免。

當生命一往偏傾、一往破裂，如何可能保證其於抽象之域之思，不落於偏傾、破裂？當生命如斯悲涼，如何可能保證抽象的反省、疏解、再造，不落於悲涼？受傷的生命，如何可能思想不受傷？然則，受傷的思想又是怎樣的思想？退於抽象之域，缺乏潤澤而成孤峭的生命，以其冷冽的主體純思，觀照崩

牟宗三，山東棲霞人，新儒家代表人物之一，北大哲學系畢業，一生出入中西哲學，教學寫作，孜孜不倦，曾任教香港、台灣各大學及香港新亞研究所。

解的世界，以其獨立特行的主體風骨，批判崩解的時代，總是不與世俗同流，而四無依傍。於思想，於實踐，不免高抬主體，以其自身的主體而安立自己、安立一切，而輕易接上西方哲學的主體精神。只是，此一主體精神，在德國現象學家海德格（Martin Heidegger）看來，正正是偏傾、破裂的舉動。當人的主體以其自身的主體性確定自己、確定自己以外的一切，正正是跟存有（Being）割裂，存有因而隱藏起來。

受傷的思想，乃一遺忘存有、取代上帝、消解他者的主體活動，當其高度宏揚自身以遺世而獨立。這樣，受傷的思想，必然深化其跟存有、上帝、他者的破裂，以遺忘，以取代，以消解等種種方式。至此，生命存在之悲情，方才徹底透出。由時代的崩解而使個體的生命偏傾，乃一生命存在於具體生活世界的破裂；由撤離破裂的具體生活世界而偏傾於抽象之域，乃一生命存在於知性反省世界的破裂；由偏傾於抽象之域而高抬人之主體性以安頓眾生，乃一生命之自我遺忘存有、取代上帝、消解他者的深沉破裂。這種一往偏傾、一往破裂，實即反映一個時代崩解的本質所在：抽象的同一對具體的差異的否定。

這是存在的悲情。並且，這是崩解時代中存在的悲情。只是，生命，以及思想，是否必然如此？在思想中掌握並回應崩解的時代，其自身的偏傾與破裂，乃無可避免地折射、映現、重複生命的偏傾與破裂。縱有主觀的願望，「指出時代癥結之所在」，然因生命自身的病痛，思想不免亦同樣陷溺，使得一切的了解、掌握、回應，都是扭曲的。身、心、思，縱彼此分別，卻互相滲透，故一病，一切病，此亦無可奈何。只是，因而註定，存在的悲情，乃不可免。

二

> 我個人的生命傳記為第二次世界大戰最後幾年的德國人民的集體傳記所塑造、打叉，甚至徹底改變，即使在戰後有好一段日子都被囚禁其中。因而，我的信仰和思想並且「我的神學」的個人進路，也是深嵌於我那一代的罪咎和苦難的集體經驗之中。[2]

> 上帝，乃以將來為其本性。〔……〕祂不是在我們之內，也不是在我們之上的上帝，而是在我們前面的上帝。[3]
>
> ——莫特曼

[2] Jürgen Moltmann, *History and Triune God*, trans. John Bowden (London: SCM, 1991), p. 166.

[3] Jürgen Moltmann, *Theology of hope*, trans. James W. Leitch (London: SCM, 1967), p. 16.

莫特曼（Jürgen Moltmann）的神學，乃是對個人和群體切實存在的處境的回應。同樣是時代的崩解、生命的破裂，莫特曼的回應並非內轉於人的超越主體理性，他甚至反對布特曼（Rudolf Bultmann, 1884～1976）的存在神學。莫特曼是屬於後康德的（post-Kantian），以及後布特曼的（post-Bultmannian）。也就是說，他拒絕從人的主體性出發，斷然否定把上帝內化或同化，以人的主體性為指涉的路數。因此，他反對把對上帝的認識建基在人的自我了解之上，卻認為應該倒轉過來：上帝的經驗決定了人的自我了解。故此，問題是，如果詮釋、理解個人以及群體的生命經歷、遭遇，個人的生命何以偏傾？群體的生命何以破裂？主體的反思，於此，若非自身偏傾、破裂的反照，就是無限化其自己而創天造地、超越地判斷一切。最終，他只是活在自己理性所設定的世界之中，成為自己的囚徒，與他者割斷連繫。

故此，人面對自己的遭遇，不能以反思的方式來掌握；並且，人面對上帝的經歷，也不應以反思的進路來認識。人以反思的方式、進路來認識自我及自我以外的一切，實即同化這一切於理性的概念之中，而粗暴地排拒自我及自我以外的一切的具體生存性相。再者，這種理性的反思，恆常是一當下（present）在場（presence）的掌握。這是理性反思的本性，要求事物在其面前赤裸無隱地全然呈現其自己，其實乃一指定，

鄧紹光：《終末·教會·實踐——莫特曼的盼望神學》（香港：基道出版社，1999）。

規限事物必須如此這般地表現，而抹殺其他種種的可能。因此，理性的反思是要顯現事物的性相，並由此而言真理。這樣，真理就成了理性反思所決定的，卻非事物自身的綻現，人不單為自然立法，且為人自身以及上帝立法。

這是自我主體在理性反思底下的要求。強調當下的在場，也就是否定他者的差異性，理性強行以其反思的方式把他者的差異性納入其自身而成自身的他者的差異。強調當下的在場，也同時否定他者的時間性，理性強行以其反思的方式把他者的時間性納入其自身而成自身的他者的時間性。這是黑格爾（Georg W. F. Hegel）擅長的把戲。一切根據於自我，即或破裂、偏傾，仍然是自我實現的歷程中的一個必要的環節。這樣一來，就完全合理化人世間的破裂和偏傾，卻無知於自己墮入更為根本的破裂和偏傾之中，活在自己的世界而與他者割離。這是理性的災害。當理性以當下的在場為真相、本性，也就規限了萬物與上帝，而企圖使之當下全然朗現於理性反思的活動之內，由此而把他者的差異性和時間性全然排斥於萬物與上帝的真相、本性之外。

主體的反思理性對當下的在場的偏愛，在莫特曼看來，正正違背了基督信仰對上帝的認識，以及由此而了解的人和世界。上帝、人和世界都在一開顯的歷程之中。就其開顯來說，即為一在隱蔽中的開顯；就其歷程而言，即為一邁向終末的歷程。這裏的隱蔽，乃一隱蔽於終末的隱蔽，由此而使得終末前的一切開顯皆非最後的、全面的。然而，人和世界之所以如此，乃是因為上帝使其如此。即上帝自身的終末開顯歷程使得人和世界亦得參與其中而同樣在一終末開顯歷程之中。而正因此一終末開顯的歷程，使得上帝，以及人與世界均不可能為反思的理性所能徹底網羅，反之，卻能不斷逸脫而隱蔽其自己。

由此一終末開顯歷程，莫特曼即說基督信仰的本性即在於終末論；基督信仰，神學惟一真正的問題，乃是將來、終末的問題；上帝，乃以將來為其本性的上帝。這並非表示上帝並不臨在於當下，而是說當下的臨在並不能徹盡上帝的本性，而必有待於將來，並且，這一將來恆常後移，以至於終末的臨在。如此一來，神學的思考不可能以反思的方式出現。當思考的對象總是不斷進入全新的領域而成就將來，神學的思考就只能亦步亦趨，開放自己，以上帝所成就的將來為視域去了解過去和上帝自己，以上帝所成就的將來為視域去了解過去和上帝自己。於此，神學就不能專注於目前、囿於當下，因為目前、當下並非上帝永恆的在場。神學，因為是時間的、歷史的，隨著上帝終末開顯的歷程而邁進。

神學，在這一時間和歷史中移動，實即繫於那以將來為本性的上帝，因而可以說，神學並非當下的，乃是將來的。這樣的了解並非表示神學只關注遙遠的將來，忽視或遺棄現在。這裏要說的是，神學的思考必須以將來為首出，必須向將來敞開其自己，或者，更嚴格來說，乃是必須緊繫於那不斷邁向將來的上帝，眼下的乃是其經世的痕迹。要思考上帝，就要追蹤上帝的痕迹，卻不能囿於其留下的痕迹，只能順著其痕迹走下去，思考下去；而此一思考，即不斷瞻前顧後，在瞻前的視野底下回顧後望上帝的痕迹。這樣，思考上帝，就並非一種反思理性的主動作為，而是被動的順著上帝這一他者的活動來了解。因此，思考上帝就只能是回應式的，並且不是一時一刻的、靜態的，而是行進中的、動態的；不是當下圓滿的，而是終末導向的。

時代的崩解、生命的破裂，主體的反思不單不能救之於水火，並且使人更遠離上帝、存有、萬物，以及自己，而陷在自己設定的虛假世界之中，造成更深的傷害。這當中，實在是受傷生命自我確立同化他者的舉動，把自我以及一切的差異性和時間性全然取消，從而達至虛假的圓滿、無憾。然而，真正的圓滿、無憾並非當下的在場，而只能在回應中領受，即在上帝自身在世的終末開顯歷程中，順之而思，而見上帝與萬物不斷的顯現其自己，而回歸自身恰當的位分。神學的思考，就是恆常在回應中歸回自身恰當的位分，故說上帝的經驗決定了人的自我了解。只有在靜默傾聽上帝的經驗中，才能同時歸回自身恰當的位分，而領會自我；實質，這歸回、領會，與靜默傾聽一併生起。

三

> 如果在聖道的真理之中，就不可能慶祝自我的勝利、精神的勝利，而是確認在其永恆的孤寂中跟上帝斷絕相交的咒詛。只有一種出於真理的思考，才能置身於真理之中，就是依於順服基督來思考。[4]

[4] Dietrich Bonhoeffer, *Act and Being*, trans. H. Martin Rumscheidt (Minneapolis: Fortress, 1996), p.80.

> 有關基督的論說，始於沉默。〔……〕談論基督，就意味著保持沉默：對基督保持沉默，也就意味著言說。[5]
>
> ——潘霍華

潘霍華（Dietrich Bonhoeffer, 1906~1945，或譯朋霍費爾）生於德國布列斯勞（Breslau），二十一歲完成其博士論文《聖徒相通》（*Sanctorum Communio*），曾任牧職及神學講師，因參與刺殺希特拉（Adolf Hilter）於一九四三年被捕，二戰結束前被處死。

一切都當在靜默中言說。在靜默中言說，如何可能？在靜默中言說，乃是非系統、非理性、非主體的言說。或者更準確地說，套用海德格的用語，乃是非表象性的言說。非表象性的言說乃相對於表象性的言說。然則，何謂表象性的言說？表象性言說乃是以他者為主體理性所能再現的對象而言說。表象，德文為 *das Vorstellen*，英文為 representation，而 *Vor-Stellung* 的意思又置放在我們眼前（vision）。事物在我們眼前表現為對象（object），實乃主體理性再使之呈現（re-present）的舉動，使之成為可代表（represent）事物之本性而呈現於主體理性面前，就此一主體理性思考囊括一切實相、實在，即具總體性（totalization）功能，而可言系統。因此，表象性言說，即一種主體理性的系統言說。

在靜默中言說，因而並非停止言說，這跟神祕主義的靜默無關，如此方可恰當了解潘霍華的言說：「傳講的聖言，本是無法表達的：這不可言說者，正是聖言。」不可表達，不能言明，是

[5] Dietrich Bonhoeffer, *Christ the Center*, trans. Edwin H. Robertson (San Franciso: Harper & Row, 1978), p.27.

對主體理性的系統言說而言的，這種言說在基督面前是無效的，只會落空，而成幻象。真正的主體，乃是基督；只有基督是主，而非人類主體理性的系統言說。要停止的，只能是這種言說，而仍然要在靜默中言說。如果說表象性言說是人類自作主宰的，那麼在靜默中言說就是基督作主的。然而，若基督作主，則在靜默中該怎樣言說基督？

靜默，而可以傾聽。潘霍華說：「說出來的道是不可表達的」，必須傾聽。說出來的道是怎樣的道？這樣的道是誰說出來的？說出來的道，就是聖言、聖道。只是，誰能如其所如地說出聖言、聖道？誰能非表象性地說出聖言、聖道？就只有上帝自己，才能如其所如地，非表象性地說出聖言、聖道。當上帝說出而為聖言、聖道，這聖言、聖道，就是基督，因而乃為非表象性的道、言說，因而不是人類主體理性的系統言說所能表達的。如此一來，當人面對基督這上帝的聖言、聖道，就只能靜默，傾聽這聖言、聖道當中、內裏上帝的言說。

是以，基督乃是人類言說基督的主。在基督面前，只能靜默、傾聽然後回應。一切人類的言說都當生於在基督面前的靜默和傾聽。這種言說乃是後起的，後起於上帝的言說；上帝的言說因而是原初的言說，基督作為上帝的言說因而是原初的言說，使得人類一切對基督、上帝的言說成為可能。在靜默中言說。如何可能？因為是在基督面前靜默，是在那原初的言說面前靜默。這基督、原初的言說在靜默中所生起的人類言說，乃是一種回應的言說。就此而言，即可說基督乃是人類言說基督、上帝的主。

上帝若沒有言說而為基督，一切言說基督皆不可能。故此，道之所以可道，乃在於道已經被說出來了，而成說出來的道。那麼，道是如何被說出來的？說出來的道又是怎樣的道？前者是方式的問題，後者是內容的問題，但兩者互不分割，形式與內容互為內在。上帝言說的方式同時是其言說的內容，因此必須同時考慮上帝言說的方式所盛載的意義；而這一言說的方式，乃一開顯—隱蔽的方式。上帝以開顯—隱蔽的方式言說其開顯—隱蔽的內容，是故，基督作為道，乃既開顯又隱蔽。

〈創世與墮落〉(*Schöpfung und Fall*)及〈誰是今在與昔在的耶穌基督？〉(*Wer ist und wer war Jesus Christus?* 即英譯本 *Christ the Center*)均載於《第一亞當與第二亞當》，王彤、朱雁冰譯（香港：道風書社，2001）。

道成肉身，進入歷史，死在十字架上。這就是既開顯又隱蔽。基督進入歷史，以肉身的樣式出現，並成為無有、灰飛煙滅。有限在無限的支撐底下盛載無限，無限即藉此有限來隱蔽其自己。無限因著跟有限的差異而隱蔽，但卻又並非絕對的隱蔽，而是在開顯中的隱蔽。理性對此一弔詭的開顯、隱蔽結構、本性，是無能為力的。理性根本不能化解弔詭、透識隱蔽。隱蔽之為隱蔽，在本意上就是非開顯的，若為開顯的，即可為理性所透識、系統所網羅，從而落入表象思維和言說之中。而弔詭的是，這隱蔽卻又非全然的、絕對的，乃開顯中的隱蔽，就更使得理性無法了解箇中奧妙。在弔詭的開顯—隱蔽面前，理性只能靜默，然後傾聽、回應。

就此一傾聽、回應的舉動，而可言神學思考的順服。順服最終乃意志的順服。理性作為一種嘗試了解、掌握一切的意志，在基督這聖言、聖道面前，若強行收攝其本質於自己的系統之中，即成一幻相而為破裂之思，跟上帝斷絕關連。若要歸回實相，則必須順服基督地思考。真理、實相就是基督的開顯中的隱蔽，只有承認、接受，而非拆解、理性化，才能進入真理、實相之中，而成在真理、實相之中的思考。而所謂進入，並非一種空間性的，更非一理性的分解，而是在承認、接受之中讓真理、實相帶領思考，這樣才是出於真理、實相的思考，因為思考已經置身於真理、實相之中而隨真理實相而開展言說。

鄧紹光：《界限與倫理——潘霍華的倫理神學》（香港：浸信會神學院，2006）。

這樣，在靜默中言說基督，實即讓基督作主，或嚴格來說，人不僭越基督的位分，人的道不取代聖道的位置。然後，始可傾聽聖道自身的言說。在傾聽中，仍然讓基督作主，讓基督以其開顯—隱蔽的生命說話。因此，上帝言說之先，必須靜默；上帝言說而為基督，仍然要靜默；基督言說其自己，還要靜默。而所謂言說基督，在這裏，固然首先順著基督的帶領與開展而思考基督，實即這思考乃一敞開之了解，進而以相應的生命思考基督。換句話說，在這一順服基督的神學思考底下，必然觸及自身生命的敞開與轉化，而方才可能引發、生起恰當的回應言說。

始於靜默。人的道，只有始於靜默，在遇上上帝的道，才能避免上演「殺道事件」，延續並深化時代的崩解、生命的破裂。

四

純粹地被說出來的東西就是詩。[6]

那純粹被說出的東西的反面，即是詩的反面，不是散文。純粹的散文從來就不是「無詩意的」。它和詩篇一樣充滿詩意，因而也和詩一樣罕見。[7]

——海德格

[6] Martin Heidegger, *Poety, Language, Thought,* trans. Albert Hofstadter (New York: Harper & Row, 1971), p.194.

[7] Heidegger, *Poetry, Language, Thought,* p.208.

〔……〕既非只是哲學的亦非只是文學的。最終，我會對我寫的文本，說同樣的話。[8]

我不相信有一種「特殊的哲學寫作」，一種特殊的哲學文字，其純粹性是純而又純的。[9]

——德里達

當然，海德格和德里達（Jacques Derrida）所關注的，乃是人如何思考存有。然而，當他們強調存有與存在者的存有論（Ontology）差異時，當他們強調存有的開顯—隱蔽的雙重結構時，就有必要敞開自己，等待聲音／文字進來。互相發明、輾轉相生，存有的活動經由聲音／文字的痕迹而展現出來。此乃海德格所言的「道說」（*Sage*）。而此「道說」，海德格亦稱之為「寂靜之音」（*das Geläut der Stille*），乃無聲之語言，語言的聲音是無聲的。道說，即在無聲中顯示某物，讓之出現，在這一活動之中，道既顯示某物，讓之出現，在這一活動之中，道既顯明其自己，亦復遮蔽其自己。人對於道這一雙重結構的活動，是無能為力的，也不必有甚麼作為。他惟一恰當的回應，乃是「跟隨道說」（*nachsagen*），這是人應合於「道說」的本真（authentic）的說。因此，道、存有，還是可以說的。

[8] Elizabeth Weber, ed., *Points... Interviews, 1974～1994*, trans. Peggy Kamuf et al. (Stanford, Cal: Standford University Press, 1995), p.217.

[9] Weber , ed., *Points*... p. 219.

只是，並非每一種人的言說均能應合「道說」。在海德格看來，只有詩人和思者，才能「跟隨道說」，因為詩人和思者以本真的方式跟隨道說，亦即詩與思。其之為本真，乃在於這兩種方式分別對應道之顯－隱結構。詩（作詩）是解蔽、揭示、創造，思（運思）是聚集、歸隱、保護。詩合於顯，而思合於隱。兩者雖有分別，又是合一的，海德格稱之為「親密的區分」。然而，海德格雖然說道乃顯－隱的差異性運作，但卻強調相對於開顯來說，隱蔽更具主宰性地位。這樣一來，相對於重顯的詩來說，重顯的思更具優先性。雖說「詩－思合一」，但海德格自身對詩人的詩作的沉思，卻表明其總的取向。然而，許多人對海德格這種表達思想的方式，不以為然，以為他已放棄了沉潛的思的嚴格性。在這裏，正正反映出「詩一思合一」完全是對傳統形而上學的思維方式的反動，他們囿於自己對哲學的成見而未能開放心懷，聆聽海德格思想的根本用心。

同樣，德里達遭受的抨擊更為明顯和厲害。德里達融合詩、思於其文本之中，其文字並不盡合於傳統的哲學作品，而有一種戲耍的味道，與物同遊，既不屬於純粹的文學，亦不是純粹的哲學，卻是兩者之間的編織體，德里達透過這種寫作方式進行沉思、開拓。這是許多批評德里達的人所未能掌握的，因而誤以為他把哲學化約為文學，把邏輯化約為修辭，實質是他們根本不了解這一「追隨道說」的思想，以及其對道顯　隱的差異性運作的看法。德里達透過解構的方法，指出語言更根本之處乃是隱喻中所隱含的更為根源性的主謂關係邏輯，在這種邏輯中，兩種互相衝突的解釋同時出現，而且這種解釋越過字面意義，擴大並創造了意義。他指出：「與其說隱喻在哲學文本（及與其相關的修辭文本）中，不如說哲學文本在隱喻中。」這樣，隱喻當中的互相衝突的意義，就分裂了存有、道的在場（presence）和自我同一性，恢復了存有、道的延異（*différance*）性格。

因此，言說—聲音／文字—道、存有，就必須相應於道、存有的顯—隱的差異性運作。只有這樣，才能反在場的形而上學（metaphysics of presence）；只有這樣，才能反表象性的思維與言說。而這種差異性，又以文字的運動最能表達，故德里達把存有、道與文字掛勾。文字乃痕迹，既是一種在場，又是一種非在。說它在場，因為它已經存在；說它非在，因為它曾被抹去。這樣，痕迹就是延異本身，或是最能表達道的延異。德里達並且以此來吸收海德格對聲音的過度高枱，指出聲音也是一種文字形式，其實是要消解聲喻假說那種以聲音與思想直接在場的主張。在這一理解底下，即可明白其所說的「文本以外無一物」。文本作為一「在場－非在」的延異，實乃道的延異，而萬物即在道這一活動中顯示其本來面目。換句話說，把文本痕迹化，實質是讓文本自身的延異活動呈現，發生作用。可以見出，德里達這裏的文本延異活動，正是進一步推展海德格的「道說」，而以「原始文字」（archi-writing）來指這一道、存有的根本差異、延異。

海德格曾經反覆吟詠和沉思的格奧爾格（Stefan George）的詩句：「詞語破碎處，無物可存在」，正是德里達後來的「文本以外無一物」的先聲。當然，海德格的深沉思考是令人吃驚的，他「在與詩意詞語的近鄰關係中有所運思之際，〔……〕猜度說：

「詞語崩解處，一個『存有』出現。

「崩解（*zerbrechen*）在此意謂：傳透出來的詞語返回到無聲之中，返回到它由之獲得允諾的地方中去——也即返回到寂靜之音中去。〔……〕

「詞語的這種崩解乃是返回到思想之道路的真正的步伐。」[10]

詞語的崩解，乃是返回到思想之道路之真正的步伐，這崩解乃是以延異的方式進行，崩解其自身的直接在場，而使思想追隨道說。同樣地，文本亦要崩解，這就是德里達所言的「撒播」（*dissémination*）：不斷地，必然地瓦解文本，因為每篇文本的意義都不是自足的，總是需要「替補」：代替和補充。因此，文本跟傳統的書本（Book）概念相反。

作品乃形而上學銘寫的檔案館或所指的完全在場，而文本則並非一個業已完成的寫作集子，不是一本書裏或書邊空白之間存在的內容，它是一種起區別作用的網狀結構，由各種痕迹織成的織品，這織品不停地指出其自身之外的東西，指出其他起區別作用的痕迹。因此，文本的任務就是不斷解構作品，瓦解其在場的形而上學，在文本的崩解中恢復事物本身的本來面目，讓延異的道、存有出現。借用海德格的表達，而可以說：

文本崩解處，一個「存有」出現。

[10] 馬丁・海德格：《走向語言之途》，孫周興譯（台北：時人代文化，1993），頁186～187。

文本的這種崩解乃是返回到思想之道路的真正的步伐 。[11]

在崩解的時代，我的神學思考，乃在崩解的文本中回應他者從而在思想的道路上行進著。

[11] 本部分乃參考下列部分的解釋和表達：孫周興：〈中譯本序〉，載馬丁．海德格：《走向語言之途》；尚杰：〈是否有一種哲學語言？〉，載氏著：《解構的文本——讀書札記》（北京：中國社會科學院出版社，1997）；佘碧平：《現代性的意義與局限》（上海：上海三聯書店，2000），第3章。

再思言與道[1]

一

非引言的引言

這裏的文字只是述而不作，筆者從個人讀過有限的論文、書本中，把相關、可以並排討論的拿出來加以引申和發揮。就文體而言，頗近讀書札記，夾評夾註。若無他人在先的討論文字，本文肯定難以成篇；若無他人在先的反思，本文肯定難以再思。雖則是引申和發揮，但也展示筆者的關心，這些關心，未嘗不也是讀者思考這一課題時應當再思的。

[1] 本文中的「言」乃希臘文的 *Logos*，中文聖經《和合本》翻譯為「道」，原來有「言」的意思。由於「道」這字在中國哲學中與「存有」（Being）相通，為表示分別，故把 *Logos* 譯為「言」。

二

從道與言說起

劉小楓 在〈關於「道」與「言」的神學和文化社會學評注〉一文中表示：「信仰在本質上是個體與自身的鬥爭。」[2] 雖然，一個體恆常是其所屬的民族文化具體展現的地方，但其為個體而有別於整個民族，卻是不能否認的事實。信仰的個體性與存在性（existential）本質，使得由此而言的基督文化——「所謂基督文化指聖言（基督事件）在個體之偶在生存中的言語生成」[3] ——跟民族—地域性文化和歷史性社會建制的基督教分別開來，不能等同。[4] 這一分別終極地說乃跟「道」與「言」相關，「華夏文化的終極之詞稱『道』〔……〕基督文化的終極之詞稱『言』」。[5] 亦即，信仰之個體性與存在性本質乃決定於「言」。如此一來，則必得述及劉小楓所了解的「言」。

劉小楓認為對任何民族性存在及其文化而言，基督之言乃外

[2] 劉小楓：《這一代的怕和愛》（香港：卓越書樓，1993），頁129。

[3] 劉小楓：《這一代的怕和愛》，頁127。

[4] 劉小楓：《這一代的怕和愛》，頁126。留意這裏說的是「基督文化」而非「基督教文化」。

[5] 劉小楓：《這一代的怕和愛》，頁124。

來的異音，是從這個世界之外傳來的，「從神聖的他在發出的聲音」。[6] 因此，「就實質的文化而言，信仰乃是此世的自身偶在相遇那聞所未聞而聞，見所未見而見的來自另一截然異樣的肉身維度的原初言詞」。[7] 此一了解涉及基督神學中的兩個要義，其一為本體論的二元差異， 即上帝與人的差異，[8]又或如劉小楓所言的「恆在無限個體與偶在有限個體之間的本體論的斷裂」；[9] 其二為由此而衍生的「言成肉身」事件的發生，使得人與聖言之間那種個體與個體的相遇成為可能。[10] 於此信仰當為個體性的與存在性的，亦只有在這一個體言說本身的語境中方可言發生的相遇。[11]

基於此一理解，劉小楓表明「華夏文化與基督文化的關係並非兩個民族—地域文化之關係〔……〕而是存在本體論的關係。聖言（基督）與華夏文化的關聯僅在個體性的位格生成，不在總體性的民族理念」，[12] 因而並不存在基督性的中國化，而只有「漢語言之個體言說領承和言說基督性，使聖愛之言成為漢語言的具體的說」。 雖然劉小楓亦說「希臘、羅馬文化因承納了基督之言並跟隨言一說，[13]遂逐漸呈現為一種基督文化之樣式」，[14] 似乎跟個體性與存在性的信仰本質

[6] 劉小楓：《這一代的怕和愛》，頁124。
[7] 劉小楓：《這一代的怕和愛》，頁127。
[8] 劉小楓：《這一代的怕和愛》，頁130。
[9] 劉小楓：《這一代的怕和愛》，頁131。
[10] 劉小楓：《這一代的怕和愛》，頁130。
[11] 劉小楓：《這一代的怕和愛》，頁130。
[12] 劉小楓：《這一代的怕和愛》，頁124～125。
[13] 劉小楓：《這一代的怕和愛》，頁130。
[14] 劉小楓：《這一代的怕和愛》，頁125。

相違背，但亦可以理解為在希臘、羅馬文化底下的個體對基督之言的承納與跟隨。如此一來，劉小楓引巴特（Karl Barth）之觀點謂「基督之中的上帝之言乃是對所有宗教（包括基督教）的揚棄和批判」，[15] 就是指聖言與個體有一發生性相遇時，聖言就在此相遇中揚棄和批判那具體展現於有限個體的宗教，即揚棄和批判乃一發生意義上的行動；並且，我們可將巴特的觀點進一步擴展至一切民族—地域文化的揚棄和批判，即揚棄和批判具體地展現於有限個體的文化。至此，我們可以很清楚看見劉小楓所強調的相遇，指的是一種位格間發生性的存在關係，而不是位格與非位格、理論性或非存在性的關係。[16]

劉小楓此一分疏的作用有二。一是釐清基督文化與華夏文化相遇的意義，二是確定「道」與「言」的分別，而這兩點都當歸結於「言」的位格性質。前者上文已論及，後者則在於位格與否的問題：

> 「道」與「言」的首要差異：「道」不是一個個體性的位格生成事件，「聖言」之言是「成肉身」（Person 是關鍵！）之言。個體與「道」不存在位格間的位格相遇關係，「聖言成肉身」則是上帝作為恆在無限個體走向人之偶在有限個體，人與「聖言」的關係是個體與個體之相遇關係。[17]

[15] 劉小楓：《這一代的怕和愛》，頁125。

[16] 劉小楓：《這一代的怕和愛》，頁130。

[17] 如關瑞文著眼於基督事件的語言性格，見氏著：〈評劉小楓的漢語基督神

劉小楓此一對聖言與人的相遇的了解，自然引起許多尖銳的討論。[18] 就此一聖言本身的性質而言，劉小楓認為其乃「原初言詞」，「不可言說而說」。 也就是說，聖言乃一切言詞的根本，故不可言說，一切說亦只是回應此一原初言詞而已。如海德格所言：「我們聽甚麼？我們聽語言說。」[19]「語言即是：語言。語言自己說話（*Die Sprache Spricht*）。」[20]

劉小楓並非以海德格的「存有」（*Sein*）等同基督信仰中的「聖言」、上帝，一如海德格沒有把兩者等同起來。[21] 劉小楓說聖言乃原初言詞，其來有自。他在〈期待上帝的思〉一文中論及海德格的期待上帝的思，引海德格說詩人必須耐心期待，「直到

學〉，《道風漢語神學學刊》第4期（1996），頁220～239；此外，鄧元尉則在肯定個體在信仰中的生存體驗之餘，論及漢語神學的建構與傳統之間的關係，見氏著：〈傳統與對話中的神學〉，《道風漢語神學學刊》第9期 （1998），頁121～147。前者針對的是相遇本身的語言性格，尤其是聖言的語言性，後者則針對如何言說此一相遇。

[18] 劉小楓：《這一代的怕和愛》，頁127。

[19] 引自徐友漁等著：《語言與哲學》（北京：三聯書店，1996），頁158。孫周興的翻譯是：「在此我們聽甚麼？我們聽語言的說。」見海德格爾：《在通向語言的途中》，孫周興譯（北京：商務印書館，1997），頁217〔＝馬丁．海德格：《走向語言之途》，孫周興譯（台北：時報文化，1993），頁222〕。

[20] 徐友漁等著：《語言與哲學》，頁158。孫周興的翻譯是：「語言是：語言（*Die Sprache ist: Sprache*）。語言說。」參〈語言〉，載氏著：《在通向語言的途中》，頁3〔＝《走向語言之途》，頁3〕。〈語言〉一文的英譯本在本書的英文譯本 *On the Way to Language,* trans. Peter Hertz and Joan Stambaugh (New York: Harper & Row, 1971) 中並未翻譯收入。

[21] 劉小楓：《走向十字架上的真理》（香港：三聯，1990），頁279～281。

上帝因為詩人與自己的接近而恩賜他那原初的語詞，它就是至高無上者之名」。[22]「原初的語詞」在這裏很明顯就是聖言、原初言詞。這樣，我們可從海德格這方面的思想來了解何以道與言不可以等同、通約。雖則非位格的道、存有不可等同位格的言、上帝，但我們還是可以問：這兩者有何關係？海德格企圖透過棲居於存有的近旁而指望得賜上帝之名，[23] 那麼，道與言究竟有何關係？這是劉小楓留下的問題。這一問題的意義乃在於劉小楓說：「海德格爾能借助我們的『道』去復興他們的『言』，『言與上帝同在』。無論如何，對我們來說，重要的不是去翻尋海德格爾之思與中國思想有多少契合之處，而在於沿海德格爾之道，去努力學會期待上帝的思。」[24] 雖則劉小楓認為從神學的角度來看，這是不成立的，因為上帝已經在聖言中與人相遇，海德格走的是從人到上帝的道路，是哲學的，[25] 但至少，這條路並不排除或同化這一異於世界的上帝，或許，在存有的近旁敞開自己以期待上帝，可以成為存在地相遇前的準備，讓自己一躍而進入個體與個體間的發生性相遇。必須指出的是，劉小楓在這裏所指的「道」，乃老莊所言的「道」。[26] 因此，即使道家的主張可以預備我們去學習期待上帝的思，但儒家

[22] 劉小楓：《走向十字架上的真理》，頁285。
[23] 劉小楓：《走向十字架上的真理》，頁279。
[24] 劉小楓：《走向十字架上的真理》，頁285。
[25] 劉小楓：《走向十字架上的真理》，頁280。
[26] 劉小楓：《走向十字架上的真理》，頁280。對海德格與道家的比較，大陸學者如張世英、張祥龍、孫周興、張松，台灣學者如陳榮灼、袁保新、沈清松、趙衛民均有論述。

的「道」又如何？當儒家所高唱「天人合一」超主客無破裂的境界，對我們學習期待上帝的思，到底是幫助還是阻礙？

三

天人合一與神人差異

由上述的討論，可以進一步檢討儒家天人合一與基督信仰神人差異的對比的恰當性問題。若天即天道，即道，則天人合一是關乎道與人的關係。若上帝不能與道、存有等同，那麼，天人合一跟神人差異的對比意義何在？這裏借用曾慶豹的〈「天人合一」與「神人差異」的對比性批判詮釋〉[27] 來發揮討論。曾慶豹把「天人合一」與「神人差異」置於「現代性」的哲學範疇下提問，[28] 其實他是從第二序的哲學反省來考量，而反省的焦點則是「現代性」，「即『主體性』哲學是如何地在儒家傳統中發揮到頂點」。[29] 因此，曾慶豹針對的是「天人合一」的哲學主張、信念何以成為主體性哲學的極致發展，並且對比於基督信仰的主張、信念「神人差異」而作出批判詮釋。

曾慶豹此文隱含一沒有表明的預設，就是「天人合一」中的天跟「神人差異」中的神同是終極的，這一預設使得對比性批判詮釋

[27] 曾慶豹：〈「天人合一」與「神人差異」的對比性批判詮釋（上）、（下）〉，《哲學與文化》第22卷第1期、2期（1995），頁42～53、139～151。
[28] 曾慶豹：〈「天人合一」與「神人差異」的對比性批判詮釋（上）〉，頁42。
[29] 曾慶豹：〈「天人合一」與「神人差異」的對比性批判詮釋（上）〉，頁42。

得以可能。這樣的預設之所以可能，必須建立在儒家思想中天之外再無其他終極，天自身就是終極的這一觀念上。當天跟上帝同時是終極的，或者準確一點說，當宣稱「天人合一」中的天是終極的，或宣稱「神人差異」中的上帝是終極的，那就必須扣緊「天人合一」跟「神人差異」中的人來了解其意義，因為兩者都是透過天與人、上帝與人的關係來認識天和上帝的。亦因此緣故，這種對比性批判詮釋就不是單單把天和上帝抽離來討論、比較，否則便不能透入其根本而只是浮泛地略過。並且，這種對比也當立足於當代的文化處境來進行。曾慶豹選取現代性的主體性為焦點，這就使得對比性批判詮釋具有當代生存的處境意義。

由於曾慶豹以現代性的主體性為焦點進行對比，一個涉及有效性的問題便隨即出現。這問題就是能否以主體性哲學來通貫全盤儒家哲學？抑或，只有當代新儒家——特別是牟宗三透過康德哲學所重建的儒家哲學——方才可以如此理解？前者是一個十分複雜的問題，在當代學人的討論中越來越有一種擺脫主體性哲學的傾向，如以德性倫理學（virtue ethics）來了解及重構儒家倫理學，[30] 這就跟以律則倫理（normative ethics）的進路有所不同。是以，整個儒家哲學其實很可以是多元性而非單一性的，[31] 那麼，曾慶豹的對比較

[30] 如盧傑雄：〈道德知識與道德實踐：試論康德倫理學與儒家倫理學之差異〉，載《價值與社會》，第1集（北京：中國社會科學院，1997），頁33～49；石元康：〈二種道德觀——試論儒家倫理的形態〉，載氏著：《從中國文化到現代性：典範轉移？》（台北：東大圖書公司，1998），頁105～123。

[31] 如馮耀明認為先秦儒家與宋明理學乃兩個不同的典範，見氏著：〈儒學的理性重建與典範轉移〉，《人文中國學報》第5期（1998），頁67～88。

恰當的做法是集中在牟宗三所重建的儒家哲學上，而非整個儒家哲學，否則就是助長儒家哲學的統一化，並且在以牟宗三的主體性哲學為代表的理解底下，難免令具有多樣可能性的儒家哲學同一化而成主體性哲學。這 舉動排除了以儒家內部的多樣性甚至異質性對抗主體同一化的哲學主張的可能性，也就是說，排除了儒家內部自我解構的可能性。

在這樣的理解下，曾慶豹的對比其實可以進一步轉化為解讀中國儒家哲學以至中國哲學的問題。在劉小楓所提出的必須學習期待上帝的思的背景底下，曾慶豹的對比的作用乃在於具體地展示出那種非期待上帝的思的思想或態度，而這又可以牟宗三的努力為代表，甚或高峰。當然，在對比的過程中，他也同時具體地展示出「神人差異」的信念所內含的思想或態度，而這種思想或態度正正有助於學習期待上帝的思，並可轉化成一閱讀中國儒家以至中國哲學的入路，以非主體性的哲學思路重新解讀，以便發掘、重建及發展中國哲學中的期待上帝的思。如此一來，我們也就可以明白曾慶豹文章的分題意義：天人合一／同一性／肯定的辯證，神人差異／非同一性／否定的辯證。十分明顯，這是層層深入的對比，以圖揭露兩種思路的內核，同一性與非同一性是進一步說明「天人合一」與「神人差異」背後的軌約原則（regulative principle）或指導原則，肯定的辯證和否定的辯證則是實踐方法，以分別達至或實現天人合一中的同一與神人差異中的差異，亦可稱之為操作原則。

就理念上來說，牟宗三是以「同一性原理」（principle of identity）為首出的，基督信仰則以「差異性原理」（principle of difference），即「非同一性原理」）為首出。就存在之體驗上來說，牟宗三以道德主體之自覺活動為首出，配合康德對道德活動的超越分解，從而斷定道德主體為超越的、普遍的價值創生的實體；由其在內容上與「天」同為創生性，遂斷定此道德主體即同時為絕對的宇宙生化實體，二者為一。[32] 這其實是運用同一性原理把「天」收攝至道德實踐的主體上，也同時把道德實踐的主體絕對化而成「道體」。基督信仰卻從無限個體與有限個體的相遇說起，其存在之體驗乃一差異性的生發經驗，而非同一性的生發經驗。這種差異經驗同時是一界限經驗，使得人在與「完全的他者」的相遇時覺知自己的有限。在此，曾慶豹進一步指出這一覺知的意義：

> 有限意味著必須超越，人惟有在發現有限時才能講「超越」，所以超越不是一個純粹外在的他者的超越，超越是一種對超越者做提問的超越意識〔……〕這裏就存在一種辯證的場域，不是二元主客對立的辯證，而是互為主體的動態辯證。[33]

由差異之本體論的事實及存在性經驗而使得互為主體的動態辯證成為可能。

這裏至為根本的是原初經驗的問題，究竟牟宗三所講的主體意識自覺的活動是最原初的，還是基督信仰中的上帝在聖言中與有限的個體的相遇才是最原初的？現代西方哲學不斷質疑費

[32] 牟宗三：《心體與性體》，第一冊（台北：正中書局，1968），頁26～27。
[33] 曾慶豹：〈「天人合一」與「神人差異」的對比性批判詮釋（下）〉，頁145。

希特（Johann G. Fichte, 1762～1814）以來的意識哲學以主體的自我意識為首出的經驗，認為若無客體的自我意識，又如何可以令主體的自我意識有所活動？此一質疑引起了對費希特哲學的重新詮釋。[34] 即使在牟宗三自己對主體意識活動的生發的描述中，也隱約透露出與他者相遇的意味：「『見孺子入井』是一機緣，『見』是眼見，故是感性的，然在這見之機緣上，本心呈現〔……〕」，[35] 即使本心之呈現乃其自身之震動，但若無此「見孺子入井」的機緣，本心不可能呈現，不呈現即不能震動而逆覺而知其自己。「見孺子入井」即為一與「孺子入井」相遇之事，首先是感性之見，繼而是本心之見，換句話說，本心呈現之活動不可能獨自完成，而必須在與孺子入井一事相聯底情況下，方可自覺其自己。可是牟宗三並沒有正視此一關鍵之要點，因為他要強調的是本心的自足自覺，不假外求，以致蔽於見之機緣實乃更基本和原初的相遇性事件。亦由於此一遮蔽，使得牟宗三對整個儒家以至中國哲學貫徹其主體中心性的解釋，進一步遮蔽了中國哲學中原來可能涵有強調存有與人之間差異的思想性格、形態。

從以上的討論，我們可以指出，在對比下深入探討牟宗三

[34] 參 Georg Mohr, "Freedom and the Self: From Introspection to Intersubjectivity," in *The Modern Subject: Conceptions of the Self in Classical German Philosophy*, eds. Karl Ameriks and Dieter Sturma (New York: SUNY, 1995)；Daniel Breazeale and Tom Rockmore, eds., *Fichte: Historical Contexts/Contemporary Controversies* (Atlantic Highlands: Humanities, 1994)；Robert R. Williams, *Recognition: Fichte and Hegel on the Other* (New York: SUNY, 1992)。

[35] 牟宗三：《現象與物自身》（台北：台灣學生書局，1975），頁100～101。

對中國儒家哲學的解釋，那種以同一性原理為核心的主體性哲學，其對原初的主體意識生發的活動，只會產生遮蔽的解釋，把一切差異取消。這其實不單單是解釋的問題，更涉及如何可以對原初的相遇活動透過解釋而化解其中的差異性。解釋跟相遇這兩種活動之間的關係，將是一不得不處理的複雜問題。然而，最低限度，我們可以想到潘霍華在其著作《基督中心》（*Christ the Center*）的一句話：「已然成為人的上帝之邏各斯，必然要被人的邏各斯釘死在十字架上。」（The incarnate Logos of God must be crucified by man's logos.）[36]

四

差異、延異與解構

人的道把上帝成肉身的道／言殺害，即把差異的他者殺害；殺害了差異的他者，也同時殺害了差異性，達至同一。這是主體性的同一性原理的殺害事件。同一性原理的殺害事件乃理性（reason）以其概念（concept）把當下的差異收攝在其自身的統一性之中的舉動，此實乃一轉向自己的內在化行徑，牟宗三從「見孺子入井」之活生生事件而轉言超越而內在的本心，即為一實例。是以，要

[36] Dietrich Bonhoeffer, *Christ the Center,* trans. Edwin H. Robertson (San Francisco: Harper & Row, 1978), p. 33；中譯：《誰是今在與昔在的耶穌基督？》〔德文原名為：*Wer ist und wer war Jesus Christus*? 〕，載《第一亞當與第二亞當》，王彤、朱雁冰譯（香港：道風書社，2001），頁15。

維繫差異性，必得先行破壞形而上學的同一性思維（identitarian thinking，阿多諾〔Theodor W. Adorno, 1903～1969〕用語），以中止同一化或無限延遲同一化。這對中國哲學的發展意義，在於一方面在面對現代性的人類中心主義及各種二元層級秩序的文化暴力時，有一克服困境的方向性指導，另一方面在面對基督信仰的差異性主張時，有一更為接近的親和性關係，可以讓思棲居於存有近旁，成為期待上帝之思。

道／存有是透明的，這是西方傳統哲學深信不移的觀點，道／存有乃意識之自我在場的當下呈現，這是德里達所批判的「邏各斯中心主義」（Logocentrism）及「在場的形而上學」（metaphysics of presence）所持守的信念。經牟宗三所詮釋的中國哲學正是如此這般的一種哲學。或者可以說，牟宗三的重建成果乃西方「在場的形而上學」的東方鏡映，逃脫不了「在場的形而上學」的二元層級秩序，這從其兩層存有論即可見一斑。在此，我們引入德里達的「解構」（deconstruction）思想。為何要引入德里達？這是因為德里達的解構乃跟海德格在《存有與時間》（*Being and Time*）中提出的 *Destruktion*（解析）一脈相承，目的是要克服形而上學，而不是予以摧毀或純粹的否定。德里達曾說：「我希望把海德格爾的 *Destruktion* 或 *Abbau*（拆解）翻譯過來，使之適合於我自己的目的。〔……〕可是，在法語中，destruction 一詞過份明顯地意味著 annihilation（毀滅）或否定性還原，它也許與尼采的 demolition（摧毀）更加接近，而不接近於海德格爾的解釋或者我所建議的那種解釋，因此，我沒有採用它。」[37]

這裏，其實還需要進到他們思想的具體表現上。孫周興在其〈德里達的解構論與西方本體論危機〉一文，對兩者的關係有所說明：

> 如果說德里達要「解構」的是「在場—不在場」這一根本的「二元對立」，顛覆形而上學的以這種根本的對立為基礎的等級秩序，那麼，我們認為，海德格爾在這方面已經走得很遠了。後期海德格爾用「在場—不在場」的「差異」或「二重性」取代了「在場—不在場」的「二元對立」。這種「差異」（「親密的區分」）或「二重性」在海氏那裏又被揭示為「澄明—遮蔽」的差異性運作。存在（語言）總是既澄明著又遮蔽著，是「顯—隱」的差異性運作。正是基於他的「差異」或「二重性」思想，海氏才提出他的玄怪的「大道」（Ereignis）。「大道」並不是一個形而上學的終極的能指，它並不指示一種終極的、恆定的在場，倒是指示著一種更為深刻的不在場。作為「在場—不在場」（澄明—遮蔽）的「二重性」，「大道」乃是一種差異遊戲，其結果只能是一種「痕迹」，一條道路的開辟。因此，可以說，德里達關於「分延」、「痕迹」和「遊戲」等思想，實際上是對後期海氏思想作了一種含蓄的發揮。[38]

---

[37] Jacques Derrida, "Letter to a Japanese Friend," in *Derrida and Différance*, eds. David Wood and Robert Berrasconi (Evanston, IL: Northwestern University Press, 1988) , p. 1；中譯引自涂紀亮編：《現代歐洲大陸語言哲學》（北京：中國社會科學出版社，1994），頁330。

[38] 戴文麟編：《現代西方本體論哲學研究》（浙江：浙江人民出版社，1993），

要避免中國哲學成為西方「在場的形而上學」的東方鏡映，就必須戳破「在場的形而上學」所主張的「道乃全然當下透明」的虛妄性。當道乃「顯—隱」的差異性運作，那麼，人就不可能全然表象道本身。尤其當海德格說：「在存有（Being）的真理中，『彰顯』相對於『遮蓋』，『遮蓋』是居主宰性的地位。」[39] 這就表示道本身的隱蔽性不是人可以揭示和掌握的。道本身的「二重性」或「差異」使人與道之間不可能在本質上存有一完全等同的關係，人不能逾越其自身的界限而企求消除道與人之間的差異。德里達批判地繼承海德格的「差異」而進一步講「延異」（*différance*），以發揮其解構的力量。

由差異而言延異，由延異而言解構。延異「是一種不能根據在場—不在場的對立來看的結構和運動」，[40] 延異並非從某種終極的根源和中心生發出來的，否則便成為形而上學的觀點；把差異歸根於在場—不在場的二元對立，就仍然落於在場的形而上學。是以，只能說

頁475。引文中的存在即 Being，分延即 *différance*，痕迹即 trace，遊戲即 play。

[39] 轉引自陳榮灼：《「現代」與「後現代」之間》（台北：時報文化，1992），頁127。

[40] Jacques Derrida, *Margins of Philosophy*, trans. Alan Bass (Chicago: The University of Chicago, 1982), p. 11.

在場與不在場、顯與隱是互動的結構；其為互動，只因為延異。延異同時是區分（differing）和遲延（deferring），它處在概念與概念不能對之揚棄的他者之間的邊界，[41] 從而使得思有不能同一，指向非同一性、不在場、靜默。[42] 因此，差異乃由延異而生；[43] 延異使得存有與理性區分開來。然而，因為處於兩者之間的邊界，延異就「既非一字詞亦非一概念」、[44] 卻是字詞的結構又是概念的結構，[45] 它是存有之面相，字詞和概念都當只是對存有的回應。由於只是一種回應，也就在文本之外並無文本所能反映（reflect）、再現（represent）的東西。字詞和概念只能順應存有之延異而活動。於是，文本之外無一物。存有在不斷區分和遲延底下，既顯現其自己，又隱蔽自己，文本於此只能同時既讓存有顯現，又讓存有隱藏，這就是解構之所以可能的原因所在。

解構的工作就是要破「在場的形而上學」及其背後的同一性和二元層級秩序的思考方式；解構，也就是解蔽，解除蔽於「在場的形而上學」的見解。在當代中國哲學的場景中，首要破除的是新儒家的在場的形而上學，以及其儒家中心化的思想。新儒家不單重建儒家哲學，並且重建道家和佛家哲學。一方面，這種重建——特別在牟宗三手中——明顯地落在在場的形而上學的場域中；另一

[41] Ahn Tuan Nuyen, "Critique of Postmodern Practical Reason," *International Studies in Philosophy* 30, no.4 (1998): 65.

[42] Nuyen, "Critique of Postmodern Practical Reason," p. 65.

[43] Jacques Derrida, *Speech and Phenomena*, trans. David B. Allison (Evanston: Northwestern University Press, 1973), p. 145；中譯：《聲音與現象》，杜小真譯（香港：社會理論出版社，1994；北京：商務印書館，1999）。

[44] Derrida, *Speech and Phenomena*, p. 130.

[45] Nuyen, "Critique of Postmodern Practical Reason," p. 65.

方面，這種重建又因以儒家哲學為中心，進一步形成一儒家中心主義的立場，進行判教的工作。這便不單把儒家哲學內部的差異性取消，使之同一化成為在場的形而上學，連帶對道家和佛家的解釋亦如是，最終抹殺了中國哲學的多樣性與開放性。這一切都是根源於以主體的道德意識為首出的同一性思想。這樣說並非表示中國哲學及中國文化本身沒有同一性和二元層級秩序的思考方式，而是表示不能以此來統一中國哲學及中國文化，也不能由此否定中國哲學與中國文化中被壓抑的另類思想。並且，從一發展的角度，更必須採取解構思想中的「遊戲」，消解一切中心和二元等級，並把這一切吸收而成為遊戲的一部分。

鄭敏在講到解構理論在文化傳統的繼承與創新方面，就表示德里達對待傳統乃是不斷的出走與回歸：出走之後的回歸，帶來新的素質，有破裂、刪除，有變形，因而不再是初始狀態的傳統；回歸只是片刻的軌迹運動，很快又會離開傳統，再度自由地進行無形的「痕迹」運動。[46] 出走與回歸就是一解構的動作，一方面反中心，另一方面使中心加入「遊戲」壯大「遊戲」（變）的作用。[47] 對待中國文化的傳統上，大抵亦可以採取這樣的策略，即不斷破除中心化和二元層級秩序的宰制，從而不斷讓傳統創新，並在這一過程中學會尊重異於自己的他者，從而生發出「差異」的經驗，達至差異性思維、非同一性思維的不斷運動的境地。如海德格所言：「對於思想來說，這是比

[46] 鄭敏：《結構—解構視角：語言．文化．評論》（北京：清華大學出版社，1998），頁58。

[47] 鄭敏：《結構—解構視角》，頁64。

較健康的，當它能向陌生地朝進，而非只在已熟悉中打轉。」[48] 只有這樣，才有希望成為棲居於存有近旁的思，成為期待上帝的思。

五

言說上帝他性的問題

赫特（Kevin Hart）在論及德里達對宗教經驗的啟迪時這樣說：

> 肯定神學家（positive theologian）說：上帝是可能的，意即只要我們看見，神聖是被啟示出來的（而看見一詞即可被排除）。否定神學家（negative theologian）說：上帝是不可能的，意即上帝總是超出我們的上帝的概念。每一神學都宣稱自己具有優先性：沒有否定神學（negative theology），言說上帝（God talk）將會墮落成偶像崇拜；沒有肯定神學（positive theology），則首先不會有言說上帝。宗教思想的恆常使命就是遊動於否定和肯定之間，證明不可能的並非跟可能的相矛盾。德里達幫助我們聚焦於可能的和不可能的都不能以辯證或邏輯的方式解決：他們以一無定的否定方式安排且不斷重新安排他們自己。[49]

[48] 引自陳榮灼：《「現代」與「後現代」之間》，頁10。

[49] Kevin Hart, "Jacques Derrida: The God Effect," in *Post-secular Philosophy*, ed. Philip Blond (London: Routledge, 1998), p. 278.

上帝同時是可言說的和不可言說的，這是應用德里達增補（*supplémentaire*／supplement）邏輯的結論。增補邏輯是要對抗、拒斥、解構在場的形而上學的二元對立邏輯。二元對立邏輯以「非此即彼」（either...or...）的方式出現，亦即是排中律，與此配合的還有同一律（A=A）和矛盾律（A≠A）。然而，增補邏輯卻是「亦此亦彼」（both...and...），展示的乃一差別的原則，強調「既是A又是非A」。這是因為道／存有恆常是延異的，使得一切人類的表述既是可能的又不可能的，因為道／存有既在場又不在場，於是一切人類的言說都只是暫時的、方便的設施。如果信仰的上帝並非道／存有，如果信仰的上帝在道／存有之外，那麼，說「上帝同時是可言說的和不可言說的」，那就表示道／存有和上帝都是不可約化的他者。然而，同為不可約化的他者，道／存有和上帝究竟有何關係？這是一極待釐清但又絕不容易的難題，並非筆者能力所及。在此，只是嘗試借海德格和德里達的哲學指出道／存有本身並非人類理性可以同化的，其中涉及的乃關乎道／存有自身的「在場—不在場」、「顯—隱」的結構，從而使得非同一性成為可能。中國哲學若要更接近基督信仰強調差異的基調，就必須借鏡於此種形態的哲學，並以之作為發展的方向。

基督信仰中的神人差異的經驗，在成為言說強調差異性的主張時，同樣需要注意避免走上概念統攝差異的錯誤，使具體的差異性轉成為抽象概念的內容，差異的上帝進而成了概念中的而非具體存在的經歷，上帝的他性也自然變成概念中的而非生存經歷中的界限經驗。當上述的舖陳出之於概念的言說，也就必須指出基督信仰經歷的後起思想（after thinking）同樣需要被置於原初的差異經驗底下，接受檢視和批判，以免在第二序的思考上陷進海德格與德里達所批判的「存有—神學—邏輯」（*onto-theo-logik*），即傳統的哲學，也就是在場的形而上學。這種哲學既遺忘了存有／道，又把基督信仰中的上帝轉成在場的形而上學中的最高存有，從而遺忘了上帝。就此，士哈拿文（Robert P. Scharlemann）指出，遺忘上帝乃是遺忘上帝的他性，[50] 這並非否定上帝，而是把上帝置定於二元的理性概念之內，從而遺忘或不思上帝的另一面。上帝的他性是甚麼？這就是士哈拿文的論文題目：〈上帝不是上帝時的上帝本性〉（"The Being of God When God Is Not Being God"），或上帝同時是是或不是的自由（the freedom of God both to be and not to be）。[51]

在處理基督信仰與中國文化的關係上，又或是在具體的交流、對話中，言說上帝是必然的一個環節，因此，對上帝的言說如何避免落入傳統形而上學的理性概念，是不能忽略過去的。大抵，神學語言也應當發展出一種有如德里達的增補邏輯（上帝既是此又是彼），又或如士哈拿文的「上帝同時是是或不是的自由」，從而避免在跟中國哲學對話時遺忘了基督信仰中的上帝，把上帝的他性化為理性的概念。亦即是說，在進行第二序的反省時，同時要讓此一反省不致落入僵化之中，卻應以一不斷運動、遊戲的方式出現，一方面進入對方的思想系統中進行顛覆，暴露其自相矛盾的性格而令

[50] Robert Scharlemann, "The Being of God When God Is Not Being God," in *Deconstruction and Theology*, by Thomas Altizer et al. (New York: Crossroad, 1982), p. 88.
[51] Scharlemann, "The Being of God When God Is Not Being God," p. 88.

其自毀，加入遊戲的運動，另一方面又自我解構其自身所形成的種種概念，使其不斷的出走與回歸，從而在反省的層次上體驗上帝的他性同樣是延異的運動，不可能為固定的概念所掌握。

換句話說，西方海德格跟德里達對傳統形而上學的批判，不單對中國哲學的發展具有指導性的啟迪，使之更靠近基督信仰的主張。另一方面，就基督信仰之言說而言，亦同時提醒有可能陷入遺忘上帝的他性的局面，特別是在第二序的反省和對話層次上，必須採取相應的言說策略以延異上帝的他性臨在。

六

非結語的結語

這是一篇沒有結論的文章，一如其非引言的引言；也就是說，無始無終。「再思」只是就著人家已經思想的繼續思想下去，是以本文並非開端，不過在已經開端了的文字上延續討論。自然，本文也不是終結，不過是嘗試引入另一些角度，觸發更多的思考，讓這個課題得以不斷澄清、深化、延展，離開已經不斷重複的老套地步，進入完全陌生的領域，然後結出豐盛的果子。

上帝同時是可言說的和不可言說的。

……

說「上帝同時是可言說的和不可言說的」，
那就表示道／存有和上帝
都是不可約化的他者。

……

遺忘上帝
乃是遺忘上帝的他性。

因他者而思

聖道與人言

當神學乃是一種對上帝的思想，那麼，
這種思想就是終末性地思想上帝，然而，
卻是透過聖經文本來追憶上帝那在歷史中不斷彰顯
但又尚未圓滿實現的終末應許，
然後在盼望的視域底下參與人世間的實踐，
讓實在在轉化中成為歷史，對應著終末的將來。

記憶・文本・實踐：莫特曼的盼望神學

一

當代德國神學家莫特曼是繼巴特（Karl Barth, 1886～1968 ）、布特曼（Rodulf Bultmann, 1884～1976）及田立克（Paul Tillich, 1886～1965，或譯蒂利希）等神學巨人之後，與潘寧博（Wolfhart Pannenberg, 1928～，另譯潘能伯格）及雲格爾（Eberhard Jungel, 1934～）齊名於世，成為二十世紀下半葉舉足輕重的神學家。莫特曼於一九六四年出版其成名作品《盼望神學》，[1] 標誌著其有別於師輩的神學方向的起點。簡單來說，《盼望神學》倡議的乃是：基督信仰乃是終末性的，此終末性是基督信仰中的一切的中介，[2] 基督信仰中

[1] 此書兩年後英譯為 *Theology of Hope*: *On the Ground and the Implication of a Christian Eschatology*, trans. James W. Leitch (London: SCM, 1967)；中譯為《盼望神學——基督教終末論的基礎與意涵》，曾念粵譯（香港：道風書社，2007）。

[2] Moltmann, *Theology of Hope*, p. 16.

莫特曼（Jürgen Moltmann, 1926～，或譯莫爾特曼）為當代知名神學家，生於德國漢堡，曾擔任農村教會牧師，後於杜平根（Tübingen）等大學任教。主要著作有《盼望神學》（*Theologie der Hoffnung*, 1964）、《被釘十字架的上帝》（*Der gekreuzigte Gott*, 1972），一九九九年因《來臨中的上帝》（*Das Kommen Gottes*, 1995）獲頒葛拉夫麥爾宗教獎（GraWemeyer Award in Religion）。

的一切都要透過終末將來方才能夠恰當地了解。經過三十年的開展與探索，莫特曼在一九九五年又以《來臨中的上帝》[3] 終結其彌賽亞系列（Messianic series）。[4] 莫特曼以終末的將來為其思考基督信仰的開始與終結，形成了一個圓圈的來回，正好反映出莫特曼自身對基督信仰的了解，以及其貫徹以終末論來思考基督信仰的做法。然而，若就神學的方法來講，則對應於莫特曼《盼望神學》的並非《來臨中的上帝》，而是其於二〇〇〇年出版的《神學思想的經驗》。[5]《來臨中的上帝》處理的是基督教教義中的終末論，卻不是神學方法的終末論；反之，《神學思想的經驗》倒是再一次回到《盼望神學》中的方

[3] 此書英文譯本為 *The Coming of God: A Christian Eschatology*, trans. Margaret Kohl (London: SCM, 19960)；中譯為《來臨中的上帝—基督教的終末論》，曾念粵譯（香港：道風書社，2002）。

[4] 此系列合共五本，從一九八〇年開始陸續出版，於十五年內完成，先後探討三一論、創造論、基督論、聖靈論和終末論。

[5] 英譯本為 *Experiences in Theology: Ways and Forms of Christian Theology*, trans. Margaret Kohl (London: SCM, 2000)；中譯為《神學思想的經驗——基督教神學的進路與形式》，曾念粵譯（香港：道風書社，2004）。

法論，重申終末盼望式的神學進路。

本文嘗試回到莫特曼《盼望神學》這本早期的著作之中，探討其終末性地思想信仰的方式。無疑，許多人都看到此書作為莫特曼整個神學思想的奠基之作，其主題乃在於確立終末的將來作為基督教神學的可能條件，並且意識到這種以終末的將來具有優先性的神學所具有的此世政治實踐的意含。然而，值得注意的是當中所涉及的歷史性與敘事性。固然，依莫特曼的看法，上帝及世界的歷史性與敘事性，乃源於上帝對將來的應許，但另一方面，對於基督教會來說，這上帝的應許及其所生的歷史性與敘事性，乃透過對聖經這一敘事文本的解讀而得知。聖經乃是基督教會的記憶，這記憶指向上帝對將來的應許。基督教會之所以可以如此解讀聖經文本，在於聖經文本本身以上帝的應許及實現為內容；聖經以敘事的方式記憶上帝對將來的應許，這是相應於上帝自身應許的行動所生起的歷史性與敘事性。透過這一解讀聖經的方法，莫特曼達至的上帝論乃一歷史的上帝（the God of history）而非永恆臨在的上帝（the God of the eternal presence），而相應的實踐則是歷史的革固新生，而非非歷史的個人內在主體性的轉化。

二

莫特曼在《盼望神學》一書中的第二章〈應許與歷史〉及

第三章〈耶穌基督的復活及將來〉，分別就舊約及新約聖經進行解讀分析。莫特曼這個時期還沒有使用「敘事」一類的述語，[6] 但其對聖經的解讀卻反顯出聖經乃一具有敘事結構的文本，後來莫特曼就十分清楚指出聖經乃是「被敘述的歷史媒介」、「歷史的敘述」。[7] 敘事是甚麼？上世紀七十年代倡議敘事神學的費高（Gabriel Frackre）認為敘事就是故事，而故事則為「記錄人物與事件在時空間發展的過程，由衝突朝向解決之途」。[8] 一般都同意敘事是出於人的需要，人需要把過去和將來跟現在融貫起來，藉著對事件的編排秩序而使得時序的時間並非混亂和無意義的，而乃係有其目的的。[9] 著名歷史哲學家懷特（Hayden White）指出「史著乃以敘述文作論述的言辭結構」（the historical work as a verbal structure in the form of narrative prose discourse），[10] 而「歷史寫作按懷特的看

[6] 莫特曼在《神學思想的經驗》一書第一章第四節〈歷史神學〉中，對此有所提及。

[7] 莫爾特曼：《神學思想的經驗》，頁40；英譯本 *Experiences in Theology*, pp. 32～33。

[8] Gabriel Frackre, *The Christian Story*, rev. ed. (Grand Rapids: Eerdmans, 1984), p. 5；轉引自 Stanley J. Grenz and Roger E. Olson, *20th Century Theology: God & the World in a Transitional Age* (Downers Grove: InterVarsity Press, 1992), p. 272；中譯參葛倫斯、奧爾森：《二十世紀神學評論》，劉良淑、任孝琦譯（台北：校園書房出版社，1998），頁325。

[9] Grenz and Olson, *20th Century Theology*, p. 272；中譯參葛倫斯、奧爾森：《二十世紀神學評論》，頁325。

[10] Hayden White, *Metahistory*: *The Historial Imagination in Nineteenth-Century Europe* (Baltimore & London: The Johns Hopkins University Press, 1973), p. ix；轉引自汪榮祖：《史學九章》（北京：三聯書店，2006），頁205。

法，就是收集資料，編寫故事，貫穿事實，解釋並賦予意義，完成有始有終的『敘事』（narrative），而掌握整個故事的結構與意義的過程，則是『敘事化』（narrativization），歷史敘事也就是歷史現象的『代表』。」[11] 基本上，莫特曼對聖經的了解是頗為符合這種對敘事的看法，「對他來說，聖經敘事乃是聖經的權威面向」，[12] 他表明「《聖經》的歷史性宗教以思念和回憶為生」，[13] 聖經中所敘述的就是歷史性宗教，這歷史性宗教以追憶自身的歷史為其本性，表現於文字即為聖經這一歷史的敘述的文本，莫特曼對此有深刻的闡釋：

> 回憶的媒介首先是歷史的敘述。由於歷史並未結束，它將被敘述，以致於在聽眾中和隨著聽眾而繼續下去。過去將被回憶，因為在過去裏面隱藏的將來應該喚起下一代的盼望。被敘述的不是真正已成為過去的，而是正要過去的。[14]

> 被敘述的歷史媒介成為被閱讀和解釋的經文。歷史敘述者在追憶歷史並且同時向他的聽眾解釋歷史之時，文字性的敘述被要求在這個新的情勢中為這個新的讀者群進行活潑的詮釋，為要使讀者群納入這段歷史的將來中。歷史雖然被記載下來，但它不會固著

[11] 汪榮祖：《史學九章》，頁210。

[12] David H. Kelsey, *The Use of Scripture in Recent Theology* (Philadelphia: Fortress, 1975), pp. 54～55, n. 84.

[13] 莫爾特曼：《神學思想的經驗》，頁39。

[14] 莫爾特曼：《神學思想的經驗》，頁40。

在過去。它也不會被整合到各別的當下。既不是它的過去，也不是它的當下，而是它的將來才是它的目標和準繩。[15]

這兩段文字顯明莫特曼視聖經為一敘述歷史的文字媒介，敘述者在當中透過追憶來同時整理和解釋歷史，以對應讀者今日的情境，好面對及走向將來。這樣的歷史敘述就是一種「把過去和將來跟現在融貫起來的做法」。然而，值得注意的是，在莫特曼的神學中，聖經作為一種敘述歷史的記憶，其內容並非純粹過去的，而係隱藏著將來的過去。當所記憶的敘述歷史包含著尚未實現的將來，那就能對當下的現在有所言說，並與現在連繫起來。正正是因為這樣的原因，使得解讀聖經文本並非只是解讀一份記載純粹過去的記錄，反之，乃是一種對隱藏著將來的過去的解讀，可以因著這一隱藏的將來而能對當下的現在提供超越其自己的視野、方向及可能。

三

我們接著要討論的是莫特曼所講的這一聖經的歷史敘事文本的敘事結構。基本上，我們認為莫特曼以應許為這一聖經敘事的內容，反過來我們也可以說，這應許是以敘事的方式來呈現、記錄和傳遞。由於敘事本身是具有時間性的，即敘事是一種呈現時間的方式，因此當應許被置於這種歷史敘事的文本之中，就能容讓應許所具有的時間性展現出來，並且，這應許的時間性一旦被展現出來，也就同時反過

[15] 莫爾特曼：《神學思想的經驗》，頁40。

來強化或塑造歷史敘事文本的時間性。換句話說，歷史敘事與應許因著兩者的時間性而可以產生一種相互作用的關係，正如研究敘事神學的美國神學家史卓普（George W. Stroup）表示：「基督教的敘事其結構反映出基督教對時間性的獨特了解。」[16] 但這獨特的時間性是甚麼？這獨特的時間性又為一種怎樣的敘事結構展現出來？對於這些問題，我們需要進到莫特曼的神學中去探討。

一方面，在莫特曼來說，聖經的敘事是以上帝的應許為中心的，故可稱之為應許的敘事。固然，上帝的應許是聖經的歷史敘事的內容，但從更深層來說，又是上帝的應許使聖經的歷史敘事得以可能。這是因為上帝的應許創造了歷史，又使歷史成為應許的歷史，其中隱藏著尚未實現的將來，於此，歷史敘事成為必須的、不可少的。另一方面，這以上帝的應許為中心的歷史敘事，其時間性乃是以將來為首出的，[17] 這是因為上帝的應許乃是指向一與現在境況不一樣的將來，由於這是跟現在不一樣的，故此尚未到來，卻為將要來到的。在這裏即涉及上帝這應許者的信實，並由此而可以講上帝身分的時間性或歷史性，以及世界身分的時間性或歷史性。正因為上帝這一指向與現在境況不一樣的將來以致使時間或歷史得以可能，由此方才可以有所謂歷史的敘事。再進一步，因為這應許的將來具有一種不可耗盡的特性，從而使得對上帝應許的記憶成為可

[16] George W. Stroup, *The Promise of Narrative Theology* (London: SCM, 1984), p. 258。遺憾的是史卓普在此書內只在三個註腳中提及莫特曼，卻沒有就其神學對聖經敘事的肯定和使用作出正面的探討。

[17] 莫特曼這一以將來為首出的時間觀，可與海德格的時間觀相題並論，參莊雅棠：《將來的優先性：海德格與莫特曼時間觀與歷史觀之比較研究》（東海大

能，並且不是一次過的，由此，聖經的歷史敘事乃得以保存、延續，以及不斷詮釋。記憶因為其內容乃那不可耗盡的應許而變成不純是對過去的追念，而是對那隱藏著將來的過去的追念。記憶在這裏反過來把這過去所隱藏著的將來揭示出來。如此一來，應許與記憶之間就有一種不能分割的關係。一方面，應許使記憶成為可能；另一方面，記憶使應許得以被揭露。記憶在這裏透過聖經的歷史敘事而揭露出當中所應許的將來。但總的來說，兩者都跟將來有關，應許固然是指向將來的，記憶也是因為這指向將來的應許敘事而生

學博士論文，1992）。除此之外，筆者以為我們尚可就莫特曼跟呂格爾（Paul Ricoeur, 1913～2005，或譯里克爾）兩者之敘事與時間進行比較而互相發明。呂格爾早年曾寫過兩篇文章論及盼望，並且都涉及莫特曼的《盼望神學》，分別為"Freedom in the Light of Hope"〔英譯本載於 *The Conflict of Interpretations: Essays in Hermeneutics,* ed. Don Ihde (Evanston: Northwestern University Press, 1974), pp. 402～424；中譯為〈希望之光下的自由〉，載《詮釋的衝突》，林宏濤譯（台北：使者，1990），頁451～476〕，以及"Hope and the Structure of Philosophical Systems"〔原刊於 *American Catholic Philosophical Quarterly* 44 (1970): 55～69，後載於 *Figuring the Sacred: Religion, Narrative, Imagination,* trans. David Pellauer, ed. Mark I. Wallace (Minneapolis: Fortress, 1995), pp. 203～216〕。莫特曼後來亦表示他寫《神學思想的經驗》是受到呂格爾影響，見曾念粵、曾慶豹編：《莫爾特曼與漢語神學》（香港：明風書社，2004），頁65。初步的討論可參 Paul S. Fiddes, *The Promised End: Eschatology in Theology and Literature* (Oxford: Blackwell, 2000), pp. 40～45；陳佐人：〈盼望的詮釋——里克爾與莫特曼之對比式探討〉，載《莫爾特曼與漢語神學》，頁45～64。

的。上述這種應許與記憶的連繫，乃在於彼此均以聖經的歷史敘事為中介，亦因為如此，這一歷史敘事乃具有一種特殊的時間性，它既是過去的記錄，但又指向將來，形成一在記憶過去中期盼、展望將來的特殊舉動。

四

莫特曼在《盼望神學》中對聖經敘事的了解，首先是一種上帝的敘事，然後在上帝的敘事底下無可避免地涉及世界的敘事。按莫特曼的看法，上帝的敘事以上帝的應許為中心而開展，這樣就表示基督信仰的上帝觀有別於希臘意義的顯現的諸神（the gods of the epiphanies）而為應許的上帝（the God of the promise），[18] 前者涉及的是永恆者的臨在（the presence of the eternal），後者則涉及所應許的將來（the future of what is promised）。[19]上帝所應許的將來乃這個世界的將來，莫特曼指出，上帝這應許的將來並非出於當下現在所具有的內在可能性、不在於世界自身的演化、進步和發展，[20] 而僅在於那給予應許的上帝的信實。[21] 於此，上帝在應許的行動底下生發了歷史：上帝的歷史與世界的歷史。首先，這應許乃是一種宣告，宣告一尚未存在的實在（reality）

[18] 參Moltmann, *Theology of Hope*, p. 43。

[19] Moltmann, *Theology of Hope*, p. 43.

[20] Moltmann, *Theology of Hope*, p. 103.

[21] Moltmann, *Theology of Hope,* pp. 104, 86, 119.

將要來到，這「應許的話語切入事件之中，並把實在分別為正在過去的及可以扔在後頭，以及那必須期盼及尋求的。過去的意義與將來的意義因著應許的話語而被照亮」。[22] 這上帝所宣告將要來到的實在，其為應許而可以叫我們離開現狀，更在於尚未找到一實在可與之符應，反之卻跟現在當下所經歷的實在互相矛盾、對立。[23] 這就使得人在內心生起一期盼不一樣的實在的意識，並由此而可分別過去和將來。應許的盼望述句「並不想要製造一幅現存實在的思想圖畫，卻是要引領實在邁向所應許的及所盼望的轉化。〔……〕這樣，它們就給予實在一歷史的性格。」[24] 但由於這應許的成就、實現完全在於上帝自己，所以這就自然涉及上帝的信實及神性。莫特曼很清楚指出：「當上帝實現、成就祂給予的應許，祂站到祂所應許的那一面，祂顯明而被認識為自我相同的自我（the selfsame Self）。『上帝自己』不能被了解為祂對自己超越的『我性』（“I-ness”）的反思，必須了解其為在祂對自己應許的歷史信實而見的自我相同性。」[25] 這是上帝的歷史性，祂的神性要在其將來對過去應許的實現而被確認，是以，上帝的歷史性跟世界的歷史不能分割開來，對上帝的敘事也不能跟對世界的敘事分別開來，因為世界的將來跟上帝的將來不能分割開來。所以，「上帝的敘事——不單只是一個關乎上帝的故事，而是上帝在歷史中的作為——可以被建構而為啟示一應

[22] Moltmann, *Theology of Hope*, p. 103.

[23] Moltmann, *Theology of Hope*, p. 103.

[24] Moltmann, *Theology of Hope*, p. 18.

[25] Moltmann, *Theology of Hope*, p. 116.

許一歷史，可以說，始於上帝應許這一根本的創造性啟示」。[26]

上帝的應許帶來的是盼望與轉化的實踐。上帝的應許使得實在不再是固定的。或者更準確地說，上帝的應許生發出來的實在不是固定的，因為「應許並非描述現存實在的字句，而是關乎有待上帝信實行動的動態字句」，[27] 這應許「尚未找到符應的答案，因而引導人的心思朝向將來、順服及創造的期盼，並把這應許置於與現存實在對立的境況中，真理並不在這現存的實在中」。[28] 可以這樣說，上帝的應許把現存的實在敞開，因而人可以不為現況所囿，「卻可以在盼望終極的簇新中帶來歷史轉變的運動」。[29] 然而，在終極的簇新面前，一切的歷史轉變都只是先驅而為暫時的運動，其所具的目標不再是烏托邦式的固定不移，[30] 反之，對終極簇新的盼望恆常燃起、喚醒那「追逐可能的熱情」（the "passion for the possible"），以及那自我轉化及棄舊迎新中的創造性與靈活性。[31] 如果現存的實在並非終極的，則轉化的實踐乃是可能的。在盼望的中介下，一切「神學概念都不是給予實在一固定的形式，〔……〕不是隨著實在之後跛行，如雅典娜女神的貓頭鷹的夜眼盯著實在，反之，這些神學概念藉著展示實在的將來而顯明實在。

[26] Rebecca S. Chopp, *The Praxis of Suffering: An Interpretation of Liberation and Political Theologies* (Maryknoll: Orbis, 1986), p. 105.

[27] Moltmann, *Theology of Hope*, p. 118.

[28] Moltmann, *Theology of Hope*, p. 118.

[29] Moltmann, *Theology of Hope*, p. 34.

[30] Moltmann, *Theology of Hope*, p. 34.

[31] Moltmann, *Theology of Hope*, pp. 34～35.

〔……〕這些概念因而捲入運動的進程，並呼喚實踐的運動與改變」。[32] 一旦實在為應許的將來而顯明，那就表明實在不是固定僵化的，而是可以轉化更新的。莫特曼正是在這一理解底下指出：「〔……〕『應許』首先並不具有照亮世界或人性的現存實在的功能，也不在於解釋現存的實在，或是把現存實在的真相帶引出來，並用恰當的方式予以了解以保證人的認識是符合現存的實在。反過來，應許跟現存實在矛盾，並揭示其自身的進程是跟基督為了人及世界的將來相關的。」[33] 應許的後果就是引發轉化，故此莫特曼借用了馬克思（Karl Marx）的說法，將馬克思論及哲學家使命的說話稍加改變，來道出他對神學家的期望：「神學家關心的不僅是提供一種有別於別的對世界、歷史和人性的**解釋**，更是在對神聖轉化的期盼底下**轉化**這一切。」[34] 這種轉化是一種怎樣的實踐？一言以蔽之，就是一種歷史化的實踐，以避免把現存的實在絕對化，莫特曼以此實踐為使命，這「使命的方向是歷史中惟一的常數，因為在當下使命的鋒線上，新的歷史可能性被掌握，而不充分的歷史『實在』被拋棄，因此，終末的盼望和使命使得人的『實在』成為『歷史的』」。[35] 這種實踐是要把「真正的人性、世界的統一性及上帝的神性等問題從虛幻的自然神學的領域中移除」，[36] 代之而起的是在終末的盼望和使命的進程中來認識人性、世界和上帝，也就必

[32] Moltmann, *Theology of Hope*, pp. 35～36.

[33] Moltmann, *Theology of Hope*, p. 86.

[34] Moltmann, *Theology of Hope*, p. 84.

[35] Moltmann, *Theology of Hope*, p. 284.

[36] Moltmann, *Theology of Hope*, p. 285.

須不斷以革固新生的實踐來履行歷史化的使命，以對應那終末應許所揭示的不一樣的將來。由此，人的實在、世界的實在和上帝的實在，都成為歷史的。

五

最後我們想要討論的是莫特曼對記憶的看法。記憶與應許相干。記憶因為應許的過剩溢出（the overspill of promise）而成為可能及必須。這種過剩溢出的應許所指向的將來超越每一現在，[37] 莫特曼認為，上帝在基督的復活中把這樣的應許給予我們，而這可以成為記念的因由。「在復活基督的顯現中所啟示的不僅被描述為『隱藏』的，而且是『未完成的』，並且涉及還未到來的實在。這尚未發生、尚未出現、尚未顯明，卻在祂的復活中得到應許和保證，事實上，這在祂的復活中一併給出而成為必然的結果：死亡的終結，以及新的創造，在萬物的生命與義之中上帝全然臨在。是以，復活的主的將來同時涉及對創造行動的期盼。」[38] 十分清楚，復活基督作為對死亡的否定、對一切負面的否定（the negation of the negatives），超越一切的現在，因而並非歷史的但卻是一種站在歷史進程前頭的原初推動者。[39] 復活基督的將來乃是終末的將來，是一切現在的將來，但卻

[37] 參Moltmann, *Theology of Hope*, p. 102。

[38] Moltmann, *Theology of Hope*, p. 88.

[39] Moltmann, *Theology of Hope*, p. 88.

並不屬於現在，並非現在的延伸。就其作為死亡的否定，則必然是跟這落在死亡終局底下的現在斷然有別。可以說，在莫特曼來說，基督從死裏復活乃是上帝參與世界而給予世界盼望的存有的根基。

然而，這一對復活基督的了解是內在於聖經文本的，莫特曼表示，由於復活主的現身要被了解為祂對自己的將來的先嘗，那麼祂的現身則要在舊約聖經應許歷史的脈絡底下來了解，而非出於希臘意義的真理顯現（epiphany of the truth）的類比。[40] 這即意味著上帝的應許貫徹著整個聖經文本而為一種應許的歷史。所謂應許的歷史，指的是上帝實現那對以色列人的應許，而這一經歷又轉過來成為應許的一部分，把上帝對以色列人的應許擴張了，使得上帝的應許成為一應許歷史，以色列人所經歷的也是這一上帝的應許歷史。這種轉過來把上帝對應許的成就轉化成一更闊大的應許，乃是出於記憶。在記憶中上帝被確認為賜予應許與成就應許的那一位，[41] 祂就是生發歷史，使歷史得以可能的那一位。在記憶中這位上帝被確認為一不可竭盡的上帝，這就讓應許成為過剩，使歷史成為滿溢的應許，這一切都在於給出應許的上帝的無窮性，「祂不會窮盡於歷史的『實在』中，祂只有在完全與祂相符的『實在』中才會『得到安息』」。[42] 不可竭盡的上帝賜下的應許因著其實現而在記憶中被重新解釋而為更闊大的應許，使得應許在歷史中不斷地擴張、實現、擴張，最終達至終末的應許：耶穌基督從死裏復活的事件。於是，應許所生發的歷史自身就成

[40] Moltmann, *Theology of Hope*, p. 106.

[41] Moltmann, *Theology of Hope*, p. 117.

[42] Moltmann, *Theology of Hope*, p. 283.

為應許而為應許歷史；應許以歷史的方式出現，指向終末的將來。而記憶也隨此而被轉化和擴張成為終末的記憶，盛載終末的應許。

聖經文本乃是一種歷史的見證，其所見證的是上帝的應許歷史，因而莫特曼認為解釋這歷史的見證的關鍵在於「聖經的將來」，[43] 所有聖經經卷都是敞開的，是向著神聖應許將來的實現而敞開的，[44]「聖經，作為歷史的見證，是向將來敞開的，正如一切應許都是向著將來敞開的。」[45] 聖經作為歷史敘事，乃是記憶的文字表現，其所要引領我們面向的固然是過去，但卻是透過過去而朝向將來，因為聖經的歷史敘事乃應許歷史的故事。莫特曼這樣說：「〔……〕整個對過去的敘事與表達將引領我們敞開自己及自己的現在，朝向同樣的將來」。[46] 因為「歷史的實在是在上帝的應許所生起的作用歷史這視域中（within the horizon of the history of the working [*Wirkungsgeschichte*]）被敘述」。[47] 這就是說，聖經的敘事文本在上帝的應許歷史中去敘述歷史的實在，讓被敘述的歷史本身成為上帝的應許歷史，從而產生作用，生發繼後的歷史。這裏也表明了作為記憶的聖經敘事文本不單單是敘述過去的經驗，更是敘述過去的應許歷史，從而繼續讓現在向應許的將來敞開。這樣，「對那已經賜下的應許的回憶——在於對應許的給予的回憶，而非對應許的過去的回憶——就像一根尖刺鑽入每個當下的血肉中，並

[43] Moltmann, *Theology of Hope*, p. 283.

[44] Moltmann, *Theology of Hope*, p. 283.

[45] Moltmann, *Theology of Hope*, p. 283.

[46] Moltmann, *Theology of Hope*, p. 108.

[47] Moltmann, *Theology of Hope*, p. 108.

且開啟當下以面對將來」。[48]

基督教會以聖經的歷史敘事為其記憶所在，其所記憶的乃是上帝的應許歷史，而這應許歷史又以新約的復活基督為中心。在基督復活的事件上，上帝給予的應許乃是終末的將來；新約經卷所宣告的、指向的和應許的，就是復活基督的將來。[49] 當下對「聖經的將來」的感知只在實踐的使命中發生，拋下現在投向不一樣的將來；這實踐的使命在歷史中扮演一定的角色，在歷史改變的可能性之中，有其一定的作用。[50] 一言以蔽之，在記憶引導底下，聖經的將來被展示出來而成為期盼的對象，卻在其所推動底下而出現的轉化實踐之中，真實體驗認識「聖經的將來」的意義。

六

莫特曼的《盼望神學》以上帝的應許為核心，指向的是將來，由此而生出盼望。然而，這上帝的應許及其所指向的將來，卻又是透過記憶而確認出來的，所以盼望乃由記憶而生。但這記憶又以聖經這敘事文本的記憶為內容。聖經乃是記憶文本，它以敘事的文本記憶著上帝的應許及其所指向的將來。這被記憶的記憶文本仍然隱藏著尚未實現的終末將來。這不是歷史的將來（the historical future），而是歷史本身的將來（the future of the history），是使

[48] Moltmann, *Theology of Hope*, p. 88.

[49] Moltmann, *Theology of Hope*, p. 283.

[50] Moltmann, *Theology of Hope*, p. 283.

得歷史得以圓滿結束的將來。正是這樣的一種不會耗盡於歷史的將來，喚醒了記憶，以及盼望。或者，準確一點來說，正是聖經這一記憶上帝應許及其指向的將來的敘事文本，叫以後的記憶及盼望成為可能。基督教會這樣的記憶，就不只是記憶、回顧已經過去了的歷史，而是透過記憶、回顧記錄下來的應許歷史，生起盼望不一樣的將來的來到與不斷轉化現狀的實踐。

因此，人世間的實踐是以記憶、回顧那應許歷史的敘事為本的；當中的終末應許顯明世界是可以被轉化的而非僵化不動的，這就引發盼望將來及改變現狀的行動，對應這應許的將來。一方面這應許的將來因著仍然處於一隱藏的狀態，使得必須忍受這一尚未到來的將來跟現狀相反不符的矛盾狀況。另一方面，同樣因著這一隱藏的將來而勇於尋求可能性去改變現狀，使現狀對應著終末將來而發展。事實上，所記憶、回顧的聖經敘事讓人發現實在是朝著將來而移動變化而成為歷史。透過閱讀聖經敘事而追想應許歷史，讓人確認實在並非一成不變卻是具有可被轉化特性，這自然促使人進一步的尋求機會，採取行動朝著應許的將來更新和變化現狀。我們可以說，在莫特曼的《盼望神學》中，基督教信仰的實踐行動，乃一以聖經這敘事文本為中介的顧後與瞻前、記憶與盼望的舉動，更是由此而參與歷史的創造並成為應許的歷史。

當神學乃是一種對上帝的思想，那麼，對莫特曼來說，這種思想就是終末性地思想上帝，然而，卻是透過聖經**文本**來追憶上帝那在歷史中不斷彰顯但又尚未圓滿實現的終末應許，然後在盼望的視域底下參與人世間的**實踐**，讓實在在轉化中成為歷史，對應著終末的將來。

自然・道言：道家的道言觀之再思

一

時下對道家哲學的語言觀的看法，基本上都以老子的「道可道，非常道；名可名，非常名」（老子・《道德經》第一章）為指導綱領，他們對這一句說話的解釋通常都落入「常道不可言」的窠臼之中。正如張祥龍所說：「我們知道，無論在東方的思想界還是西方的漢學界和中國哲學界，人們往往強調道與無言的關係，或斷定任何意義上的語言（『可道』）是達不到道本身（『常道』）的。」[1] 又說：「傳統對道家的解釋中許多自相矛盾之處都來自對『道（言）』的兩重意義的混淆。在那些追隨王弼的解釋者們看來，言或名只能是概念表象的，所以只能與『有』或『形而下者』

[1] 張祥龍：《從現象學到孔夫子》（北京：商務印書館，2001），頁245。

打交道。對於形而上的『道體』，就只能『無言』。」[2] 撇開張祥龍對王弼的批評是否確當這一點不談，其所討論的主流看法，即以為道家的「道體」只能「無言」以對，卻是不爭的事實。

張祥龍從海德格的角度重新解讀老莊，[3] 其基本觀點乃是「道」與「言」之間具有某種現象學式的關係：道透過非概念化、非表象化的語言來道出其自己，絕非「道本無言」。筆者亦採取同樣的立場，[4]

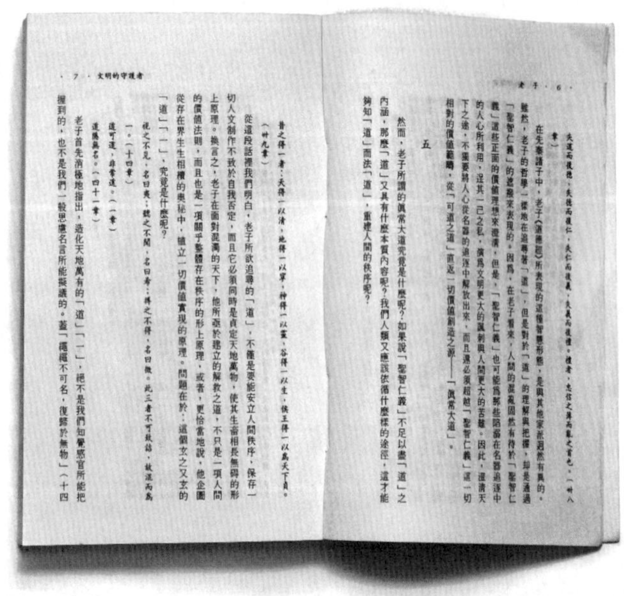
老子・6・

夫道而後德，失德而後仁，失仁而後義，失義而後禮。禮者，忠信之薄而亂之首也。（卅八章）

在先秦諸子中，老子《道德經》所表現的這種智慧形態，是與其他家派迥然有異的。雖然，老子的哲學一樣地在追尋著「道」，但是對於「道」的理解與把握，卻是通過「聖智仁義」的遮撥來表現的。因為，在老子看來，人間的混亂固然有待於「聖智仁義」這些正面的價值理想來澄清，但是，「聖智仁義」也可能為那些陷溺在名器追逐中的人心所利用，逞其一己之私，釀為文明更大的諷刺與人間更大的苦難。因此，澄清天下之途，不獨要將人心從名器的追逐中解放出來，而且還必須超越「聖智仁義」這一切相對的價值範疇，從「可道之道」直返一切價值創造之源——「眞常大道」。

五

然而，老子所謂的眞常大道究竟是什麼呢？如果說「聖智仁義」不足以盡「道」之內涵，那麼「道」又具有什麼本質內容呢？我們人類又應該依循什麼樣的途徑，這才能夠知「道」而法「道」，重建人間的秩序呢？

・7・文明的守護者

昔之得一者：天得一以清，地得一以寧，神得一以靈，谷得一以生，侯王得一以為天下貞。（卅九章）

從這段話裡我們明白，老子所欲追尋的「道」，不僅是要能安立人間秩序，保存一切人文制作不致於自我否定，而且它必須同時是貞定天地萬物，使其生畜相長無礙的形上原理。換言之，老子在面對混濁的天下，他所亟於建立的解救之道，不只是一項人間的價值法則，而且也是一項關乎整體存在秩序的形上原理，或者，更恰當地說，他企圖從存在界生生相續的奧秘中，樹立一切價值實現的原理。問題在於：這個玄之又玄的「道」「一」，究竟是什麼呢？

視之不見，名曰夷；聽之不聞，名曰希；搏之不得，名曰微。此三者不可致詰，故混而為一。（十四章）

道可道，非常道。（一章）

道隱無名。（四十一章）

老子首先消極地指出，造化天地萬有的「道」「一」，絕不是我們知覺感官所能把握到的，也不是我們一般思慮名言所能擬議的。蓋「繩繩不可名，復歸於無物」（十四

[2] 張祥龍：《從現象學到孔夫子》，頁259～260。有關中國學者對道家語言觀的看法，參馬德鄰的簡短介紹，氏著：《老子形上思想研究》（上海：學林出版社，2003），頁138～141。

[3] 張祥龍：《從現象學到孔夫子》，第14章「海德格爾的語言觀與老莊的道言觀」。

[4] 參鄧紹光：〈遊於文字天地間〉，《獨者》第5期（2004），頁152～155，以及本書頁161～191。筆者此一看法早於二〇〇二年形成，當時尚未看到張祥龍的有關文章。然而，筆者這篇文章仍然存在一種下文要批判的「遮詮」語言觀。

但卻想進一步強調因著「道之說」而可有「人對道之說」。然而這種「人對道之說」並非遮撥式的消極表達。對「人對道之說」若無正面積極的肯定，則很容易落入「言斷路絕」的觀點。本文首先檢討牟宗三對老子哲學中的語言的看法，這是因為牟宗三的表述是十分哲學性的，可以幫助我們深入地了解到「道本無言」與「人對道亦本無言」的觀點。其次我們借用陳榮灼對牟宗三的批評而指出正面言說道之可能，由此則可重新解說老子的道言觀。

二

牟宗三對老子的語言哲學的理解，實可涵蓋莊子，這是因為對牟宗三來說，「老子與莊子，在義理骨幹上，是屬於同一系統」。[5] 兩者之分別不在義理之內容上，而在風格、表達之方法，及義理之形態有異而已。[6] 是以，我們只需分析牟宗三對老子的語言哲學的理解，即可展示出其對整個先秦道家的語言哲學的理解。

牟宗三這方面的講述主要可見諸於其《本性與玄理》第五章第一節「有、無、玄，名號與稱謂」，以及《鵝湖月刊》卷二十八第十、十一期（二〇〇三年），分別為〈老子《道德經》講演錄（一）〉、〈老子《道德經》講演錄（二）〉。前者講得比較仔細，扣緊文本來疏解之，後者因係講演，故較易懂，卻十分清楚表現出牟宗三自身的哲學閱讀方式。牟宗三的思路非常清

[5] 牟宗三：《本性與玄理》（台北：台灣學生書局，1983），頁172。

[6] 牟宗三：《本性與玄理》，頁172～180。

晰，他首先把握到老子所講的道有兩種，由兩種道而有兩種道說；由兩種道說而有兩種名。但牟宗三為甚麼可以把老子所講的道分成兩種的呢？這當然涉及他對老子「道可道，非常道；名可名，非常名」（第一章）的閱讀，重要的是，他從怎樣的哲學架構來閱讀呢？

> 「道可道，非常道；名可名，非常名」這段話的中心觀念就是把真理分成兩種。〔……〕這就像佛教所說「一心開二門」。「一心開二門」是哲學的一個共同的模型，〔……〕老子只是說有可道的道，有不可道的道，他也沒有說「一心開二門」。但是，「可道之道」與「不可道之道」就是「一心開二門」嘛。[7]

這段文字清楚讓我們見出牟宗三以「一心開二門」這一他認為是哲學的共通模型來解釋老子的哲學。[8] 事實上，這一心開二門，就是他的兩層存有論（ontology）。《現象與物自身》[9] 一書通過融通康德（Immanuel Kant）和儒釋道來建立起執的存有論與無執的存有論，以安立兩種知識。牟宗三把「一心開二門」應用到老子的可道的道與不可道的道，說：「那個可道之道通到心上講，那個

[7] 牟宗三：〈老子《道德經》講演錄（一）〉，盧雪崑記錄，《鵝湖學刊》卷28第10期（2003），頁3。

[8] 就「一心開二門」為一共同的哲學架構，可參牟宗三：《中西哲學之會通十四講》（台北：台灣學生書局，1990），第七講。

[9] 牟宗三：《現象與物自身》（台北：台灣學生書局，1975）。

『心』就是成心。不可道之道通到心上講，那個心就是道心。」[10] 成心與道心分別開可道之道與不可道之道，雖云二心，實則成心是自道心而來的，有而能無。最終還歸一心，亦即道心。[11] 值得注意的是，這種解釋很容易落入主體主義的泥沼之中，尤其當牟宗三以智的直覺來了解道家的道心。[12]

當然，牟宗三亦扣緊文本來對老子的道作出解釋，並非空言無根。老子《道德經》第一章即開宗明義地講到道與語言之間的關係，牟宗三即扣緊兩種道來說兩種語言，並且亦反過來扣緊兩種語言來說兩種道。對於「道可道，非常道」，牟宗三說「老子這句話是把道分成有兩種道，一種是可道的道，一種是不可道的道」。[13] 從這裏我們知道牟宗三是以可道與不可道來劃分兩種道。他把「道可道，非常道」讀為「可以道說出來的道，就不是常道、至高無尚的道」。由此即蘊涵如下的看法：「不可以道說出來的道，就是常道、至高無尚的道。」

常道為甚麼不可以道說呢？非常道為甚麼可以道說呢？牟宗三援引康德的知識論來解釋：「『可說』一定要用概念作準，要論謂一個

[10] 牟宗三：〈老子《道德經》講演錄（一）〉，頁4。

[11] 有關牟宗三對道家的兩層存有論的分析，見《現象與物自身》，第七章第十一節「道家的『無執的存有論』」，亦參氏著：《中西哲學之會通十四講》，頁104～105。

[12] 牟宗三：《現象與物自身》，第七章第十一節，亦參氏著：《智的直覺與中國哲學》（台北：台灣商務印書館，1980），第十九章「道家與佛教方面的智的直覺」。

[13] 牟宗三：〈老子《道德經》講演錄（一）〉，頁4。

東西就要用概念。最基本的概念是範疇，範疇是 pure concept。」[14]「『不可道』就是說某一種道理不可以用某種概念去論謂它，假如可以用一定的概念去論謂那個道理、那個道，那就不是常道。」[15] 康德的範疇是純粹概念，只有現象（appearance）才能透過範疇來建立，而可以被認識和講說的，物自身（thing-in-itself）則不可能。按牟宗三，老子那不可道之道、常道就像物自身，不落在感觸直覺（sensible intuition），故此範疇也用不上，範疇用不上，也就不可言說了。因此，「『不可道說之道』就是不可以用一定的概念去論說那一個道」。[16] 我們可以說，牟宗三這樣的解釋，其實是反映了他那吸收了康德知識論後所建構的兩層存有論。

由兩種道與兩種道說而進一步討論兩種名。牟宗三怎樣閱讀「名可名，非常名」呢？他說：「可道說的名言是『非常名』。」[17] 這句說話蘊涵如下的看法：「不可道說的名言是『常名』。」這裏有兩種名，一是非常名，另一是常名；前者可以道說，後者不可以道說。這是承接兩種道和兩種道說而來的，而在解釋上亦當順著牟宗三對兩種道說的意思來進行。牟宗三自己的解釋亦是如此：「以言詮者，用今語言之，即可用量名，質名，關係名等一定之名去指示之謂也。」[18] 這明顯地是以康德的知識論來討論名言。我們可以說，按牟宗三的看法，可名之名就是可以用範疇這純粹概念去規定的名，不可名之名就是

[14] 牟宗三：〈老子《道德經》講演錄（一）〉，頁4。
[15] 牟宗三：〈老子《道德經》講演錄（一）〉，頁4。
[16] 牟宗三：〈老子《道德經》講演錄（一）〉，頁6。
[17] 牟宗三：〈老子《道德經》講演錄（一）〉，頁6。
[18] 牟宗三：《才性與玄理》，頁129。

不能用概念去規定的名，即使我們用上了種種概念去說「常道」，但用上去就要拉掉，因為這些概念是無效的。[19]「這就表示，你想用這些可名之名去說的那東西是不可名之名，不可名之名就是常名。」[20] 簡單來說，可名之名是概念之名，不可名之名或常名是非概念之名。

三

固然，對於「道」這個常名，牟宗三說「我們可以用『一』、『多』、『綜』去說它，但用上去就要拉掉」。[21] 為甚麼要把這些名拉掉？因為這些概念的名用不上「道」，是無效的。這樣用上了概念的名然後又把它拉下來，其實就是一種否定、遮撥的舉動。因為拉下來就表示用不上，既非這樣，又非那樣，這就起著一種否定概念的名言的作用，表達了「道」是非概念的名言所可以表達的特性，即透過否定而說出了「道」。可是，這只是「遮撥」（negative expression）而非正面的言說，於此，我們仍然是對「道」缺乏正面的掌握。

因此，「道」仍然是可說的，但卻不是分解地可說，而是非分解地可說。[22] 何謂非分解地說？牟宗三這樣寫道：

---

[19] 牟宗三：〈老子《道德經》講演錄（一）〉，頁7。

[20] 牟宗三：〈老子《道德經》講演錄（一）〉，頁7。

[21] 牟宗三：〈老子《道德經》講演錄（一）〉，頁7。

[22] 有關分解地說和非分解地說，見牟宗三：〈譯者之言〉，載維特根斯坦〔Ludwig Wittgenstein〕：《名理論》〔*Logisch-philosophische Abhandlung*〕，牟宗三譯（台北：台灣學生書局，1987），頁17～18。

> 非分解地說是詭譎地說，遮顯地說，此是啟發語言或指點語言。「佛說法四十九年而無一法可說」是詭譎歷程之捨棄而一切皆如，是一種點化。說法四十九年有是分解地說者，有是非分解地說者；而非分解地說所指點的最後之「如」即是不可說。不可說而先導之以分解地可說，由此分解地可說進而至於非分解地可說（詭譎地說），由非分解地可說最後歸於不可說。[23]

十分清楚，非分解地說就是詭譎地說、遮顯地說，決非正面的言詮；啟發語言或指點語言終不是對最後之「如」作一積極的說明。由此而言，非分解地說雖有說但終無所說，乃「不可說而可說，可說而不可說」。[24]「不可說」是因為無一正面積極的說明，「可說」是因為只能詭譎地說、遮顯地說。雖然牟宗三認為這是對最後之「如」的「一隙之明」，[25] 但終究這最後之「如」即是不可說，蓋總不能有一正面積極的言詮是也。

牟宗三這一看法，可見於其對王弼解老子「自然」一詞的解釋。王弼在注《道德經》第二十五章「人法地，地法天，天法道，道法自然」時說：「自然者，無稱之言，窮極之辭也。」[26] 牟宗三於此有一案語：「『無稱之言』，即連『稱謂』之詞亦無者，而況

[23] 牟宗三：〈譯者之言〉，頁18。

[24] 牟宗三：〈譯者之言〉，頁18。

[25] 牟宗三：〈譯者之言〉，頁18。

[26] 王弼：《老子道德經注》，第二十五章，收王弼：《王弼集校釋》，上冊，樓宇烈校釋（北京：中華書局，1987），頁65。

名乎？故曰『窮極之辭』也。」[27] 牟宗三認為「無稱之言」意思乃是「連『稱謂』之詞亦無者」，意即「自然」作為非定名、常名亦用不上了。這是牟宗三循王弼「名號」與「稱謂」之理解而來的，因為「於定名，曰名號。於非定名，則曰『稱謂』」。[28] 最終，牟宗三認為即使以「自然」這稱謂來道說道，亦是不起作用的。可是，依王弼，「自然」是否稱謂而需予以遮撥去掉，是很成疑問的。

牟宗三在解《道德經》第二十五章之「強為之名四大」已經指出：「故此等〔引按：指大、小、微、遠、玄、深〕稱謂之詞，皆非定名，而乃暗示之詞，不可執著以有繫。故皆可遮撥之，以會通道之極旨也。〔……〕稱謂之而復遮撥之，即由辨證詭辭以通其極也。」[29] 遮撥稱謂固然可以，但若因此而以為「自然」亦是稱謂而予以遮撥，則很值得商榷。陳榮灼就此而批評：

> 這裏〔引按：指牟宗三對王弼解「自然」的案語〕牟先生只以「遮詮」（negative expression）之方式來理解王弼之意，以致其「無稱之言」和窮極之辭變成只有「消極」之義。更加嚴重的是：這一詮解立場可能使人以為王弼好像龍樹之「中觀學派」般主張只有「離言斷道」方能「證自然」。但是，王弼其實是以「正面」的角度使用「無稱之言」和「窮極之辭」的；而從我們上述之闡明中可以見出：特別地，「自然」作為「窮

[27] 牟宗三：《才性與玄理》，頁153。
[28] 牟宗三：《才性與玄理》，頁130。
[29] 牟宗三：《才性與玄理》，頁151。

極之辭」實具「登峰造極」之涵義。[30]

牟宗三對王弼的解釋，其實同時正是他自己對老子的解釋，不免陷入「離言斷道」的哲學立場。無疑，王弼早說過：「故名號則大失其旨；稱謂則未盡其極。」[31] 他也直言：「然則『道』、『玄』、『深』、『大』、『微』、『遠』之言，各有其義，未盡其極者也。」[32] 可是這並不表示我們可以同樣以稱謂來看待「自然」一語。牟宗三以遮撥的方式來處理稱謂是恰當的，但卻不能以稱謂來看待「自然」一語而予以遮撥去掉。整個問題乃在於牟宗三一直以消極的角度來看待語言，分解地說固然用不上來道說常道，非分解地說亦只是遮顯地說而終歸於不可說，故其解王弼之「自然者，無稱之言，窮極之辭也」，不免落入消極之義，未能正視其正面的意義。

四

接著我們需要探討王弼眼中的「自然」一詞，究係何解。在比較王弼的「自然」與海德格的「Ereignis」時，陳榮灼有如下的解釋：

[30] 陳榮灼：〈道家之「自然」與海德格之「Er-eignis」〉，《清華學報》第34卷第2期（2004年12月），頁256。

[31] 王弼：《老子指略》，收王弼：《王弼集校釋》，上冊，樓宇烈校釋，頁198。

[32] 王弼：《老子指略》，頁196。

如果內在於「語言」之層次來說，那末「Ereignis」一字便與王弼眼中之「自然」一詞在以下之意義上同為「無稱之言，窮極之辭」。一方面，就兩者不能提供任何關於「甚麼」（what）之信息這一點上均可歸為「無稱之言」；這是說，「無稱」意即「毋涉乎甚麼（whatness）」。另一方面，於兩者卻都可「無以復加地」道出萬物之「如何（how）。此一點上則同屬「窮極之辭」。換言之，只有能夠「達道」（on the way）之詞方為「窮極」，而「道」（Way）正是通過「如何」（howness）來彰顯的。[33]

王弼稱「自然」為「無稱之言，窮極之辭」，乃在於他沒有把自然視為「甚麼」，而是「如何」。由此，我們可以進一步說，語言之所以有效，只在於其所言說的是「如何」，而非「甚麼」。但為甚麼言說「如何」可以有效，言說「甚麼」則無效呢？這即涉及「道」本身了。如陳榮灼所言，如果「『道』（Way）正是通過『如何』（howness）來彰顯的」，那麼我們亦只能就道之自道方式來言說道。當道以自然而然的方式彰顯其自己之時，並且當道以其彰顯的方式為其本性之時，則並不能進一步以「甚麼」來追問道，而只能滿足於其彰顯自己的方式。

「自然」乃「自身如此」、「自然而然」之義，本身就是一種運動，並且是「白身在動」的運動，它是「自身如此」地運動。當老

[33] 陳榮灼：〈道家之「自然」與海德格之「Er-eignis」〉，頁255～256。

子說「道法自然」（老子·《道德經》第二十五章），意思正是說道以「自然」的方式來運動、彰顯其自己。王弼以「自然」為「無稱之言，窮極之辭」，正是因為他明白到「自然」乃道之彰顯之方式，而此彰顯之方式實亦是道之本性如此；故離「自然」實亦別無更為恰當的詞語可以用來言說道，「自然」乃無以復加、登峰造極之詞。

如此一來，張祥龍因為沒有看到王弼對「自然」一詞的正面肯定，並且指出「把人束縛於『道本無言』這樣一個含糊公式的主要原因有兩個：〔……〕第二個則是理解上的，即認為老莊都完全否認道與言的真實關係。這種看法不僅流傳甚廣，從時間上也竟可以上溯到魏晉時期的王弼」，[34] 也就不免有一間之未達的不足，未能就道彰顯自己的方式來肯定道的正面言說。即不單是「道道」——道以自己的方式道出其自己，且也是應道——相應於道自道的方式而道說道，而不能單單滿足於以「遮詮」的方式來讓道道。張祥龍如下的表述就有這樣的傾向。

> 在老子那裏，儘管語言與實在（Being）的關係也是一個極重要的問題，其表達方式則常常是「正言若反」的，即通過否認概念名言的道性而開示大道、大象和大言。[35]
>
> 對於海德格爾和老莊，求真的關鍵都在於化開小名、小有而讓大道或存在〔引按，即 Being，*Sein*〕所代表的最根本的構成

[34] 張祥龍：《從現象學到孔夫子》，頁252。

[35] 張祥龍：《從現象學到孔夫子》，頁263。

> 之域呈現出來。這個原本域越是純粹和完整地呈現，它就越是聲氣相通地展示出它的構成本性，從而「說」出或「道」出它本身蘊含的非概念的「消息」。[36]

張祥龍關心道自身的道說，或其所謂的「原本的說或道（言）」，[37] 是十分正確的，因為一切人對道之言說只能是應道之自己道說其自己。可是，若焦點只在於道之自道而忽略其自道的方式，那就只會單單從遮詮的角度來了解人的語言與道的關係，而忽略了正面言說道的可能。一言以蔽之，由於張祥龍只看到道之自道，而沒有進一步討論道之自道的方式，以及人以相應的方式來言說道，結果也沒能正視王弼「自然者，無稱之言，窮極之辭也」的正面意義，反而對之提出嚴峻的批評，[38] 未能透至「王弼可謂與海德格之『語言是存有之家』（Language is the house of Being）的論點同調」[39] 的發現。

陳榮灼指出「能夠正視『道』之『言說』義，可說是『魏晉新道家』之一大特色」。[40]「道」之「言說」義指的不獨是「道」自己「言說」自己，或「道」自己以自己的方式「言說」自己，這是「道」的自道，而為自道式的表現，一如海德格所講的「語言在言說」（Language speaks）。「道」之「言說」義還有另一層意

[36] 張祥龍：《從現象學到孔夫子》，頁264。

[37] 張祥龍：《從現象學到孔夫了》，頁259。

[38] 張祥龍：《從現象學到孔夫子》，頁252、259、262。

[39] 陳榮灼：〈道家之「自然」與海德格之「Er-eignis」〉，頁256～257。

[40] 陳榮灼：〈道家之「自然」與海德格之「Er-eignis」〉，頁256。

思，這就是人對「道」的「言說」，「道」之可被「言說」。當然，如上述所作的分析，只有順應「道」自道的方式，方能恰當地「言說」「道」。這也就是說，只有對應「道」的「如何」的語言，才是達道之詞；以「如何」之詞來應對「如何」之道。

事實上，晚期海德格的道言觀不單盛發道之自然而然地言說這一看法，並且同時提出應合道說的言說這觀點。[41] 海德格在其《走向語言之途》一書中多番指出：

> 作為道說，語言之本性乃是自然而然地顯示，而正正就是撇下自己，以至可以讓要被顯示的得到自由，本真地顯現。（As Saying, the nature of language is the appropriating showing [*das ereignende Zeigen*] which disregards precisely itself, in order to free that which is shown, to its authentic appearance.）[42]

> 作為顯示，道說——在自然而然之中——乃是自然之最恰當模態。（As Showing, Saying, which consists in Appropriation

[41] 這裏要向陳榮灼教授致謝。在筆者與陳教授通信時蒙他指出海德格相關的文字，可以支持筆者的解讀。本段之引文即為陳教授提出。當然，解說演繹所當負的責任只在筆者自身。又筆者在文章完成後方才讀到陳榮灼教授的〈王弼解釋學思想之特質〉，收《中國經典詮釋傳統（三）：文學與道家經典篇》，楊儒賓編（台北：喜瑪拉雅研究發展基金會，2001），頁273～293，故此未能把相關的研究成果整合至拙作之內。對王弼的語言學有興趣的讀者，請參這篇文章。

[42] Martin Heidegger, *On the Way to Language*, trans. Peter D. Hertz (New York: Harper & Row, 1971), p.131.

[*Ereignis*], is the most proper mode of Appropriating [*die eigenste Weise des Ereignens*].）[43]

自然以道說為道。（Appropriation is by way of saying [*Das Ereignis ist sagend*].）[44]

語言乃存有之家，因為語言作為道說，乃是自然的模態。（Language is the house of Being because language, as Saying, is the mode of Appropriation [*die Weise des Ereignisses*]. ）[45]

十分清楚，人的語言只要成為以自然為模態的道說（Saying），就可以言說或顯示道了。此外，海德格在與日本學者手冢富雄（Tomio Tezuka）的對談中言及「道說之奧祕」（the mystery of Saying），[46] 指出：「只有對話才可能是道說的應合」（Only a dialogue could be such a saying correspondence），[47]「那種可以仍然原始地順應道說的對話」（A dialogue that would remain originarily appropriated to Saying）。[48] 這裏所說的順應道說的

[43] Heidegger, *On the Way to Language*, p.131.

[44] Heidegger, *On the Way to Language*, p.131.

[45] Heidegger, *On the Way to Language*, p.135.

[46] Heidegger, *On the Way to Language*, p.50.

[47] Heidegger, *On the Way to Language*, p.52.

[48] Heidegger, *On the Way to Language*, p.52.

對話，海德格進一步解說，「這對話是由那向言說者——即人——言說的所決定。」（the kind of dialogue is determined by that which speaks to those who seemingly are the only speakers–men.）[49] 這即是說，存有乃自然地向人道說其自己之自然本性，而人得按存有這一自然模態來與存有對話，實質乃是順應存有之道說而道說，因此而為「如何」之道說，從而顯示存有之「如何」。

五

最後，我們嘗試在上文對道與言的理解底下，重新解讀老子《道德經》第一章首兩句：「道可道，非常道。名可名，非常名。」雖然王弼對名號和稱謂有其不滿：「故名號，則大失其旨；稱謂，則未盡其極。」[50] 他按照自己對名號與稱謂的了解而解釋《道德經》第一章第一句的意思：「可道之道，可名之名，指事造形，非其常也。故不可道，不可名也。」[51] 但這是王弼自己對名號與稱謂的哲學性規定，至於老子是否這樣了解名號，則很可討論。意思是，老子對名號的了解很可以包含了王弼所講的「無稱之言，窮極之辭」在內。基本上，我們同意張祥龍如下的見解：「在這裏，『道』與『名』平行對舉，絕不是像許多評論家認為的那樣是將兩者完全對立，貶『名』而揚『道』。第二句『名可名，非常名』具有與第一

[49] Heidegger, *On the Way to Language*, p.52.

[50] 王弼：《老子指略》，頁198。

[51] 王弼：《老子指略》，頁1。

句一樣的格式：『a 可 a，非常 a』。所以第一個『名』與第三個『（常）名』享有與所謂『道體』一樣的地位。」[52]

如今，我們按前述對道與言的解釋，以及張祥龍所注意到的句子並排格式，而予以重新疏解。「道可道，非常道」這句可解為道可以自行道出其自己，且是非比尋常之道。「名可名，非常名」一句則順上句而指出道的名字是可以言說的，但不是尋常的名字。由於道乃自行開顯的道，因此只要按照其開顯的方式，就可以言說道了。很自然，這樣子言說道，很不尋常。道的本性不尋常，言說道也跟著不尋常，不能落於指事造形。道之所以不尋常，乃在於道之自道，並且道以自道的方式彰顯其自然的本性，道之自道的方式就是道自己的本性。道的不尋常乃在於其以給出自己的方式來作為自己的本性，由此而達至與自身一致。按著道所給出其自己的方式來言說道，也不是一般的做法；一般是指事造形。但道既然可以自道，那麼人也就可以對應於道的自道方式來言說道。當我們發現道是按著其本性而道出其自己，即自然而然地彰顯其自己，道就是達至其自己、回返其自己，極盡道自己之能事而為非比尋常的道，那麼，在言說道的時候也當以「無稱之言，窮極之辭」來應對，這就是「自然」一詞了。當「自然」乃「自身如此」、「自然而然」，看來好像無事可說，沒有透露道之任何內容、消息，但正正如此方才為一非比尋常的名字，因為它一語達道，相應於道之本性而說出了道。

由此，我們宣稱：「道是可道的，且是非比尋常的道。名是可以名的，且是非比尋常的名。」

[52] 張祥龍：《從現象學到孔夫子》，頁254。

道之所以不尋常，乃在於道之自道，
並且道以自道的方式彰顯其自然的本性，
道之自道的方式就是道自己的本性。

道的不尋常乃在於其以給出自己的方式
來作為自己的本性，
由此而達至與自身一致。

按著道所給出其自己的方式來言說道，
也不是一般的做法；一般是指事造形。
但道既然可以自道，那麼人也就可以對應於道的自道方式來言說道。

聖道與人言

取道德里達

「文本以外無一物。」

……

每一事物都是文本，因而不存在外在的文本，
因此，當每一事物都是文本，
當沒有東西是先於文本性，
那麼，就沒有再現的東西。
文本之外只是文本，並沒有文本再現的東西，
在這裏，名不必依實，而只依於文本。
是以……文本並非現場／臨在的模仿，
相反，現場／臨在乃是文本性的效果、作用。

啟示的臨到或被啟示的那一位的臨到
只會是不斷地在語言文字之中隱蔽其自己……
因而沒有一次過全然可被掌握的可能；
因此沒有全備的教義啟示及終末論，
反之乃是敞開的，在過去的頒令與將來的臨在之間運動。

……

「我們乃是在被釘十字架與復活之間來做神學的。我們的時間是聖星期六時期、聖星期六之前的時期。」

……

延異劃下了神學中可說的界限，以及定規了做神學的時間和空間的性質。

德里達有（甚麼）（神學思考）的意義？[1]

一

當代漢語學界對當代法國哲學家德里達的吸收和消化，相對於其師輩德國哲學家海德格來說，顯然是緩慢而未能掀起熱潮。在翻譯上九十年代以來的有《聲音與現象》、[2]《一種瘋狂守顧著思想

[1]〈德里達有（甚麼）（神學思考）的意義？〉這一題目中置有兩個括號，分別把「甚麼」和「神學思考」懸擱起來，意義是甚麼？對德里達來說，任何語言文字中的講論都不能以「甚麼」來總括起來；意義不可能被囚禁於「甚麼」之內。「甚麼」表現的是客體化、本質化的真理觀，而這正是德里達致力要解構的思想。「神學思考」之所以要被懸擱起來，乃在於它同時也是可以被解構的，一旦當它落入傳統形而上學的窠臼之中。懸擱有終止之意味，但這終止只能以解構的方式來實踐。透過這樣的舉動，德里達對「神學思考」的意義就透顯出來了。然而，這也不是一成永成的。故此，解構以及當中的懸擱與終止，只會是持續不斷，而不可能完全成就。

[2]《聲音與現象》，杜小真譯（香港：社會理論出版社，1994；北京：商務印書館，1999）。

——德里達訪談錄》、[3]《立場》、[4]《言語與現象》、[5]《馬克思的幽靈——債務國家、哀悼活動和新國際》、[6]《多義的記憶——為保羅·德曼而作》、[7]《論文字學》、[8]《他者的單語主義》、[9]《書寫與差異》，[10] 數量上亦不算為小。可是，另一方面，雖然「解構」一詞極為流行，但研究方面卻甚為不足。單篇論文固然有一些，大都是介紹性的，能夠深入掌握的並不多見，葉秀山的〈意義世界的埋葬——評隱晦哲學家德里達〉、[11] 孫周興的〈德里達的解構論與西方本體論危機〉、[12] 張志揚的〈存在之辨〉、[13] 陳榮灼的〈狄里達的迹冥論〉[14] 均是難得之作。台灣的《當代》雜誌於一九八六年八月號出版「解構當代：德希達

[3]《一種瘋狂守顧著思想——德里達訪談錄》，何佩群譯（上海：上海人民出版社，1997）。

[4]《立場》，楊恆達、劉北成譯（台北：桂冠圖書，1998）。

[5]《言語與現象》，劉北成、陳銀科、方海波譯（台北：桂冠圖書，1998）。本文集多收〈形式與意指〉和〈延異〉兩文。

[6]《馬克思的幽靈——債務國家、哀悼活動和新國際》，何一譯（北京：中國人民大學出版社，1999）。

[7]《多義的記憶——為保羅·德曼而作》，蔣梓驊譯（北京：中央編譯出版社，1999）。

[8]《論文字學》，汪家堂譯（上海：上海譯文出版社，1999）。

[9]《他者的單語主義》，張正平譯（台北：桂冠圖書，2000）。

[10]《書寫與差異》，張寧譯（北京：三聯書店，2001）。

[11] 載氏著：《當代學者自選文庫：葉秀山卷》（合淝：安徽教育出版社，1999），頁262～286。

[12] 載《現代西方本體論哲學研究》，戴文麟編（杭州：浙江人民出版社，1993），頁469～489。

[13] 載《形而上學的巴比倫塔》，張志揚、陳家琪著（武昌：華中理工大學出版社，1994），頁214～274。

[14] 載《鵝湖學誌》第1期（1988），頁121～137。

專輯」，開風氣之先，但大陸方面卻有後來居上的勁度，有比較引人注意的深度研究，如陸揚的《德里達・解構之維》、[15]《後現代性的文本闡釋：福柯與德里達》、[16]尚杰的《德里達》，[17] 以及《解構的文本——讀書札記》[18] 與《歸隱之路——20世紀法國哲學的蹤迹》[19] 中相關的篇章。即或如此，漢語學界對德里達的研究，無論在質和量方面，仍然有待開展。特別當年前（二〇〇一年）德里達中國之行並未引起廣泛的關注，[20] 這就很明顯有把「解構」當成潮流的傾向，隨風而去，還沒有真正正視德里達所提出的問題，「因德里達所提問

德里達（Jacques Derrida, 1930～2004，或譯德希達），出生於阿爾及利亞猶太人家庭的法國著名哲學家，為解構主義旗手。其思想極具爭議性，一九六七年的《書寫與差異》（*L'écriture et la différence*）、《論文字學》（*De la grammatologie*）、《聲音與現象》（*La Voix et le phénomène*），奠定其解構大師地位。圖為Hélène Cixous, *Portrait of Jacques Derrida as A Young Jewish Saint*, trans. Beverley Bie Brahic (New York: Columbia University Press, 2004)。

[15]《德里達・解構之維》（武昌：華中師範大學出版社，1996）。

[16]《後現代性的文本闡釋：福柯與德里達》（上海：上海三聯書店，2000）。

[17]《德里達》（湖南：湖南教育出版社，1999）。

[18]《解構的文本——讀書札記》（北京：中國社會科學院出版社，1999）。

[19]《歸隱之路——20世紀法國哲學的蹤迹》（江蘇：江蘇人民出版社，2002）。

[20] 有關情況可到人民網人民書城網頁查閱（www.booker.com.cn/big5/paper196/1/index.htm）；瀏覽於2003年8月6日。有關座談及演講收錄於杜小真、張寧編：《德里達中國講演錄》（北京：中央編譯出版社，2003）。

題並非憑空捏造，它們不僅在西方，而且在中國都成為一種社會文化現象，並有漫延之勢」。[21] 至於對德里達的了解，恐怕更有待努力，正如尚杰所言：「我們的心理準備不足，尚未搞清來龍去脈，缺乏對其學理意蘊的理解。」[22] 這種情況，在漢語神學界尤其如此。

二

德里達的哲學思想其意涵當不止於人文意義上的，對宗教[23] 特別是基督教神學尤有重要性。英語的學術界在八十年代已有赫特（Kevin Hart）的《對符號的侵犯：解構、神學與哲學》（*The Trespass of the Sign: Deconstruction, Theology and Philosophy*）[24] 討論德里達對基督信仰特別是言說上帝、閱讀宗教文本之意義，九十年代有盧韋（Walter Lowe）的《神學與差異：理性的創傷》（*Theology and Difference: The Wound of Reason*）、[25] 華德（Graham Ward）的《巴

---

[21] 尚杰：《德里達》，頁342。

[22] 尚杰：《德里達》，頁342。

[23] 對德里達及其他宗教——特別是佛教——比較性研究，可參 Harold Coward, Derrida and Indian Philosophy (New York: SUNY, 1990)；Robert Magliola, *Derrida on the Mend* (West Lafayette, Indiana: Purdue University Press, 1984)；Robert Magliola, *On Deconstructing Life-Worlds: Buddhism, Christianity, Culture* (Atlanta, Georgia: Scholars, 1997)。

[24] *The Trespass of the Sign: Deconstruction, Theology and Philosophy* (Cambridge: Cambridge University Press, 1989).

[25] *Theology and Difference: The Wound of Reason* (Bloomington and Indianapolis: Indiana University Press, 1993).

特、德里達與神學的語言》（*Barth, Derrida and the Language of Theology*）[26] 及安德魯絲（Isolde Andrews）的《解構巴特：對巴特及德里達的增補方法的研究》（*Deconstructing Barth: A Study of the Complementary Methods in Karl Barth and Jacques Derrida*），[27] 都著力於表明德里達的哲學與巴特的神學在某些根本之處是互通聲氣的。[28] 著名的海德格專家及德里達專家卡普托（John D. Caputo）更於一九九七年出版《德里達的祈禱與眼淚：沒有宗教的宗教》（*The Prayers and Tears of Jacques Derrida: Religion Without Religion*），[29] 可說是英語世界第一本全面深入探索德里達寫作中涵蘊

---

[26] *Barth, Derrida and the Language of Theology* (Cambridge: Cambridge University Press, 1995).

[27] *Deconstructing Barth: A Study of the Complementary Methods in Karl Barth and Jacques Derrida* (Frankfurt am Main: Peter Lang, 1996) .

[28] 當然也有人反對巴特與德里達有任何相干，特別在對語言的看法一事上，如 Bruce L. McCormack, "Graham Ward's Barth, Derrida and the Language of Theology," *Scottish Journal of Theology* 49/1 (1996): 97～109。亦參 Garrett Green, "The Hermeneutics of Difference: Barth and Derrida on Words and the Word," in *Postmodern Philosophy and Christian Thought,* ed. Merold Westphal (Bloomington and Indianapolis: Indiana University Press, 1999), pp. 91～108。

[29] *The Prayers and Tears of Jacques Derrida: Religion Without Religion* (Bloomington and Indianapolis: Indiana University Press, 1997).

的宗教意含；西方學界對德里達的研究亦已轉向宗教的向度，先後於一九九七年及一九九九年舉行學術研討會，其後更出版論文集；[30] 若配合奧夫域特（Gideon Ofrat）於一九九八年寫成、二〇〇一年翻為英文的《猶太人的德里達》（*The Jewish Derrida*），[31] 以及二〇〇二年出版的德里達宗教文集：《宗教的諸行動》（*Acts of Religion*），[32] 漢語神學界當無藉口缺乏資源了解和研究德里達的宗教思想。

可是，過去漢語神學界不單未能洞悉德里達哲學思想中的宗教義蘊，更在許多基本的理解方面出現偏差，缺乏恰當的掌握，重覆著西方學界的錯謬，以致一再延遲正面開發德里達思想中的宗教資源。在缺乏全面而深入的閱讀和理解底下，一切的批判都只會來得輕率、流於片面。尤其是強調理解是可能的漢語神學工作者，應當持守德國解釋學哲學家高達美（Hans-Georg Gadamer, 1900～2002，或譯伽達默爾、高達瑪）在與德里達對談之時所提出的態度：要從「善良的理解意願」出發去理解德里達。[33] 除了在求解時

---

[30] John D. Caputo and Michael. J. Scanlon, eds., *God, the Gift and Postmodernism* (Bloomington and Indianapolis: Indiana University Press, 1999); John D. Caputo, Mark Dooley and Michael J. Scanlon, eds., *Questioning God* (Bloomington and Indianapolis: Indiana University Press, 2001).

[31] *The Jewish Derrida*, trans. Peretz Kidron (Syracuse, New York: Syracuse University Press, 2001).

[32] Gil Anidjar, ed., *Acts of Religion* (New York and London: Rontledge, 2002).

[33] 高達美與德里達這場對話，以及相關的評論文章，載 Diane P. Michelfelder and Richard E. Palmer, eds., *Dialogue and Deconstruction: The Gadamer-Derrida Encounter* (New York: SUNY, 1989)。

要有善良的意志之外，[34] 同時也需要細緻的疏解文本，[35] 以及創造性地使用和發展。[36] 一般來說，漢語神學界對德里達的批判，都離不開王治河所提出的三個質疑，茲引述如下。

> 其一，在真理問題上，由於為了徹底與形而上學告別，德里達在否定形而上學的「絕對真理」概念的同時，連同真理本身一同否定了。〔……〕其結果勢必導向相對主義和虛無主義。
>
> 其二，在語言問題上，德里達斬斷了，或者確切地說，懸置了語言與現實的聯繫，將語言看作一個獨立自主的、自我參照的系統，將世間的一切都本文化了，在本體論上有滑向唯心主義的危險。
>
> 其三，是許多學者提到的解構主義的「自我參照性的悖論」或它的操作矛盾。〔……〕我認為，在德里達的解構哲學中，〔……〕更為深刻的是這樣一個矛盾，即一方面毫不留情地對

[34] 如余達心：〈空的覺悟與「無心」之學——解構對神學的啟迪〉，載《生命的學問》，余達心編（香港：中國神學研究院，2001），頁15～36。余文頗能掌握德里達哲學的「破」的性格，惟對其「迹冥論」（grammatology）卻缺乏相應的解悟。另參其〈閱讀、詮釋的道德責任〉，《中國神學研究院期刊》第27期（1999），頁53。

[35] 如鄧元尉：〈他者的佳音：德希達的他者思想與基督教神學〉，《道風基督教文化評論》第18期（2003年），頁147～178。

[36] 如曾慶豹：《上帝、關係與言說——邁向後自由的批判神學》（台北：五南圖書，1999）。

> 形而上學的邏各斯中心主義傳統中的「在場」之物大加砍伐，〔……〕另一方面則又重新確立「在場」之物，〔……〕又將書寫、分延、增補、痕迹等作為基礎從而運了進來。[37]

面對以上的批評，筆者擬引介卡普托的論文〈他異性的好消息：德里達與神學〉（"The Good News about Alterity: Derrida and Theology"）[38]來作出澄清。卡普托這篇文章以「誤解德里達」開始，表示流行的看法乃視解構為陷阱，要把我們囚禁在「能指的鎖鏈」（chain of signifiers）之中，一種語言—主體唯心主義之中。[39]卡普托卻強調德里達所關心的卻剛剛相反，乃是語言〔以外〕的他者。在第二節「語言的他者」（The Other of Language）中，卡普托直接指出德里達常被人誤解的名句：「文本以外無一物。」此句法文為"*il n'y a pas de hors-texte*"，英譯通常為"There is nothing outside of the text"。[40]然而，德里達真的說文本以外「無一物」？許多人不明就裏據此就斷定德里達主張「主體懷疑主義」（subjectivistic scepticism），能指只引領我們指向另一

[37] 王治河：《撲朔迷離的遊戲：後現代哲學思潮研究》（北京：社會科學文獻出版社，1993），頁174～176。

[38] John D. Caputo, "The Good News about Alterity: Derrida and Theology," *Faith and Philosophy* 10/4 (1993): 453～470。

[39] Caputo, "The Good News about Alterity," p. 453.

[40] Jacques Derrida, *Of Grammatology,* trans. Gayatri Chakravorty Spivak (Baltimore, Maryland: The Johns Hopkins University Press, 1976), p.158.

些能指，而非真正的他者。[41] 結果，僅剩的只是語言的文本，[42] 從而導至相對主義和虛無主義。[43] 然而，即使是英譯本，譯者也同時提供了原文和另一個譯法："There is no outside-text"，[44] 文本之外不是文本，中文的翻譯就顯明了這個意思：「不存在外在的文本。」[45] 卡普托指出錯誤的了解在於把 *hors-texte*的 *hors*

---

[41] Caputo, "The Good News about Alterity," p. 454。如江丕盛：「所謂的文本意義也只是語法遊戲規則所容許及賦予的次序。正如在辭典內尋求對某辭彙的解釋只能引用到同一辭典內的其他辭彙，文本與實在的分界線是隨意的。這樣看來，『文本之外無一物』（There is nothing outside of the text）。」參氏著：〈文本與意義——後現代文化中的神學詮釋學〉，《中國神學研究院期刊》第27期（1999），頁15～16。關啟文亦有同樣的看法，見其《我信故我思——真理路上的摯誠探索》（香港：學生福音團契出版社，1998），頁264：「〔……〕一個符號的『意義』往往只能用其他符號去解釋。而那些符號又用另一些去解釋，很多時最後只是一堆循環解釋的符號〔……〕，如何能直指本體呢？德里達（Derrida）的解構主義（Deconstructionism）就有類似主張。」鄭順佳也不例外，參〈巴特「上帝的道」與後現代主義初探〉，載《巴特與漢語神學》，鄧紹光、賴品超編（香港：漢語基督教文化研究所，2000），頁272。

[42] 如吳慧儀：「〔……〕德里達卻認為意思是虛幻的，僅存的只有文本——無從詮釋也是詮釋不盡的文本。」參氏著：〈後現代思潮衝擊下的「文本與詮釋」〉，《中國神學研究院期刊》第22期（1997），頁107。

[43] 如周功和在討論德里達的思想時就置之於「虛無主義」一節底下，並說：「懷疑派後現代主義，其實是一種沒有形狀、沒有意義、恐怖的虛無主義。」參氏著：〈詮釋的族群化：釋經典範的轉移〉，《校園》第45卷3期，2003年6月，頁35；此文收氏著：《正反不合：現代、後現代、聖靈時代》（台北：校園書房出版社，2004），頁121～144，引文出自頁131。

[44] Derrida, *Of Grammatology*, p. 158。Rodolphe Gasché 譯為"There is no extra-text"。參氏著：*The Tain of the Mirror: Derrida and the Philosophy of Reflection* (Cambridge, MA: Harvard University Press, 1986), p. 281。Gasché 此書是了解德里達的必讀之作。

[45] 雅克・德里達：《論文字學》，汪堂家譯（上海：上海譯文出版社，1999），頁230。

視為「語言的他者」、所指（referent, *ens significatum*），[46] 結果以為德里達否定語言以外的他者，但德里達真正要批判的是，在語言以外並非語言，也就是，正正是反對把一切語言化，否則即把相異性（alterity）同化於語言之中。德里達把語言跟文本分別開來，兩者不能互相混淆。[47] 在德里達來說，文本就如標記（marks）、痕迹（traces）、指向（referrals）的系統。[48]「文本以外無一物」並非說沒有所指，而是說所指的都是文本性的（textual），[49] 都是延異（*différance*）形成的痕迹。因此，後來德里達提出另一講法：「脈絡以外無一物。」（There is nothing outside context.）[50] 一切都是脈絡，一切實在（reality）都具有脈絡性、文本性的結構。[51]「不存在外在的文本」，因為語言、書寫都是文本；語言、書寫是文本結構的，其他一切東西都是文本結構的。因此，德里達並非表示語言之外一無所有，反之，語言之外還有其他事物、東西，關於這一點，德里達

[46] Caputo, "The Good News about Alterity," p. 454.

[47] 參 Simon Glendinning, "Language," in *Understanding Derrida,* eds., Jack Reynolds and Jonathan Roffe (New York/London: Continuum, 2004), pp. 5～6。

[48] Geoffrey Bennington, *Interrupting Derrida* (London: Routledge, 2000), p. 217；轉引自 Nicholas Royle, *Jacques Derrida* (London: Routledge, 2003), pp. 64～65。

[49] "Deconstruction in America: An Interview with Jacques Derrida," trans. James Creech, *Critical Exchange* 17 (1985): 19，轉引自 Royle, *Jacques Derrida*, p. 65。

[50] Jacques Derrida, "Afterword: Toward An Ethic of Discussion," in *Limited Inc*, trans. Samuel Weber (Evanston, Illinois: Northwestern University Press, 1988), p. 136.

[51] Arthur Bradley, *Negative Theology and Modern French Philosophy* (London/New York: Routledge, 2004) , p. 26.

說得分明：

對我和其他解構主義者嘗試努力的，有幾個誤解。以為解構是對指涉作用的懸擱（suspension of reference），完成是錯誤的。解構總是深切關注語言的「他者」。批評者視我的著作為宣布語言之外無一物、我們被囚禁在語言之中，這經常讓我驚訝。事實上，我要說的剛剛相反。對邏各斯中心主義（logocentrism）的批判，最為重要的乃是尋找「他者」，以及「語言〔以外〕的他者」。每星期我都接到對解構的批判性的註釋和研究，它們以下面的假設來進行註釋和研究：他們所謂的「後結構主義」就是語言之外一無所有，我們在詞語—或其他類似的愚昧—中淹沒。誠然，解構嘗試指出指涉的問題遠較傳統理論所想的複雜、棘手的多。它甚至提問「指涉」是否能夠完全適用於標示「他者」。他者在語言之外並召喚語言，或許不是語言學所講的一般意義的「指涉者」（referent），而是讓其自身跟習慣的〔指涉〕結構保持距離，並挑戰或複雜化我們對其習慣的假設，這就使得我們不可能認為，語言之外**一無所有**（**nothing**）。[52]

我從未說過一切都是語言的，我們都封閉在語言裏。事實上，

[52] Richard Kearney, *Dialogue with Contemporary Continental Thinkers* (Manchester: Mancherster University Press, 1984), pp. 123～124。此訪問有中譯：〈德希達論解構〉，奚密譯，《當代》第4期，1986年8月，頁21～28。

> 我說的正好相反，對理性中心論〔引按，即邏各斯中心主義〕的解構，恰恰是要拆除這種認為一切都是語言哲學。[53]

卡普托竭力指出德里達以至一眾後現代哲學家均以恢復他者的地位為職志，[54] 於德里達的情況自然強調語言並非實在本身（reality as such），其念茲在茲的倒是語言的他者、相異性。[55] 因此，他強調反對把「虛無主義」的標籤加諸於解構身上：「那些想逃避問題和討論的人，把解構當作一種無聊的符號組合遊戲、一種關閉在語言洞穴裏的遊戲。這種誤解不僅是簡化，也表徵某些政治與建制上的趣向（interest）——這些趣向也應該被解構。我完全反對加給我和我的美國同事『虛無主義』的標籤。解構不是被封閉在虛無（nothingness）之中，而是向他者的開放。」[56]

由此而言，對異己的他者的認識，即真理，就不是沒有指涉

---

[53] 轉引自黃燦然：〈德里達訪談〉，《明報》，2003年1月14日，頁D4。因此，像吳慧儀的批評是不能成立的：「所謂解構，就是把表意當作假象來拆毀，說實存的表意（the transcendental signified）是不存在的。」參氏著：〈後現代思潮衝擊下的「文本與詮釋」〉，頁107。吳慧儀這一論調是輾轉透過西賽頓（Anthony C. Thiselton，參氏著：*New Horizons in Hermeneutics: The Theory and Practice of Transforming Biblical Reading* [Grand Rapids, MI: Zondervan, 1992], p. 105）引述德里達對皮爾士（Charles Peirce）的論述而來的。原文出自 Derrida, *Of Grammatology,* pp.48～49。固然德里達稱皮爾士的符號學乃超越（或譯超驗）所指的解構（the deconstruction of the transcendental signified）（*Of Grammatology,* p.49），可是這超越的所指並非域外的他者，而當係超越意識內的純粹對象。德里達努力要打破的正是這一種內化域外他者於超越意識的哲學立場。

[54] Caputo, "The Good News about Alterity," p. 453.

[55] Caputo, "The Good News about Alterity," p. 455.

[56] Kearney, *Dialogues with Contemporary Continental Thinkers,* p. 124.

的，意識域外的他者，就是認識的對象。在上述的批評當中，「文本以外無一物」跟「虛無主義」是一體兩面的。但德里達從來沒有倡議過「文本以外無一物」、「實在（Being）本身不過是語言文本」，因此也就沒有可能落入語言的主觀主義當中，完全取消語言之外的指涉對象，變成所謂的「虛無主義」。反之，德里達不單認為解構是向他者的開放，並且是出於他者的呼召：「解構本身是對相異性那必然呼召、召喚或激發回應的積極回應。因此，解構是天職——對呼召的回應。」[57] 沒有他者，就沒有解構，解構這一動作預設了他者。

解構讓我們明白他者並不是可以藉著主體意識而可以全然再現的。他者作為指涉的對象、所指的是這比我們想像中深奧的，而指涉的動作亦不是那麼簡單。語言仍然有所指。卡普托說得好：「〔解構〕堅特沒有差異就沒有指涉作用，離開文本鎖鏈就沒有指涉動作。」[58] 意思是指涉作用之所以可能是在於差異，且是一連串無窮盡的差異；解構就是揭示語言的延異、痕迹。語言的延異乃是痕迹的表現，每一字詞在指向另一字詞的過程中均不斷自行隱退，為的是要指向語言域外的他者。痕迹的語言只能指向而非呈現或再

[57] Kearney, *Dialogues with Contemporary Continental Thinkers*, p. 118.

[58] Caputo, "The Good News about Alterity," p. 455.

現相異的他者，他者的「在場，因而並非尋常所想的，是記號之所指、痕迹的指向對象；在場，因而乃是痕迹的痕迹，冥化了的痕迹之後的痕迹，對我們來說，這就是形而上學的文本，我們所說的語言。只有這樣，形而上學和我們的語言符號才能指向它們自身以外的」。[59]

在這樣的一種理解底下，我們是否可以說德里達的解構會陷入「自我參照性的悖論」或它的操作矛盾？[60] 如果語言文字不過是痕迹，必須且必然冥化，那麼，德里達所寫的一切，包括其不斷創造的新生詞語：「延異」、「增補」、「痕迹」、「撒種」等，都並非不朽的實體，自然不會出現既否定邏各斯中心主義傳統中的在場又重新確立「在場」之物，否則我們就是沒有好好解悟德里達而把其文字僵化而成在場之物。當然，有批評者謂解構者最終必然不得不解構其自身，那麼其立論又如何可以成立，此即自我參照性的悖論。這正好是德里達的願望所在，若「解構」成了「解構主義」，那它就是回歸形而上學的邏各斯中心主義，因此必須施以解構，以履行、實踐解構的精神。換句話說，解構思想正正在解構其自身之時得以證成。意在言外，故得意而可忘言，已經毋須理會語言自身之矛盾與否。[61]

---

[59] Jacques Derrida, *Margins of Philosophy*, trans. Alan Bass (Brighton: Harvester, 1982), p.66.

[60] 如周功和，〈詮釋的族群化〉，頁34：「懷疑派後現代主義含有嚴重的自我矛盾：若一切理論都要解構，為甚麼不解構自己的理論？」

[61] 有關德里達的真理觀，可參 Barry Allen, "Derrida, or Difference Unlimited," in *Truth in Philosophy*, chapter 6 (Cambridge, MA: Harvard University Press, 1993)。

三

德里達的思想對基督教神學有甚麼重要性呢？華德於一九九二年即撰有〈為何德里達對神學那麼重要？〉（“Why is Derrida Important for Theology?”），[62] 分別從消極及積極兩方面來嘗試表明德里達對語言的看法所具有的神學價值，兩方面又各分為兩點，合共四點，今以其為藍本而論述如下。

就消極方面而言，這是一種對神學語言之限制或劃界。首先，語言的本性乃是延異，神學的講論、論述也無可避免，因此，「延異使我們注意到如下的事實：神學不能對上帝作出任何獨斷的宣稱」。[63] 這樣的說法沒有要否定神學述句的意義，而是要我們認識這些述句並非，也從來不是毫不含混的真理述句。[64] 神學的述句不能反映上帝本身，其含混乃出於語言的延異本性，語言自身的這種特性限制了其自己，不致僭越自身的位分闖入異域而同化了所指向的他者。因此，神學述句的意義是指向性的，要求的是對所指向的對象有所信靠，「賦予神學述句以真的價值乃是一種信仰的委身」。[65] 華德引述赫特：「這並不表示解構是否定神學（negative theology）的一種模態〔這是德里達反覆否定的〕，但解構卻為我

[62] Graham Ward, “Why is Derrida Important for Theology?”, *Theology* 95/766 (1992): 263～269.

[63] Ward, “Why is Derrida Important for Theology?”, p. 265.

[64] Ward, “Why is Derrida Important for Theology?”, p. 265.

[65] Ward, “Why is Derrida Important for Theology?”, p. 265.

們提供了相當穩妥的位置為出發點，去提問查考否定神學跟語言的關係。」[66] 事實上，不論在現在或將來，延異都使神學工作無法從事。[67] 否定神學也不例外。這種不可能指的是神學論述當下呈現上帝本身的可能性。

這樣的觀點引發出啟示與終末論（eschatology）是否可能的疑問。德里達一直解構傳統形而上學賦予在場、呈現（presence）有優先特權的舉動；這種看法視直接溝通與直接性具有透明性，從而低貶間接性和將來性。然而，延異卻表明一方面語言文字等論述本身不過是痕迹，恆常在一顯現－隱蔽的運動中，因而不具有當下呈現的作用，它總是以冥化的方式回顧、再收集過去並向將來敞開。由此延異另一方面表明真理的臨到並非一次過的，沒有一成永成的展現，真理並非當下呈現的永恆；反之，它恆常隱蔽其自己，透過語言文字的延異、冥迹結構而來回於顯現與隱蔽之間。按照這樣的思想，啟示和終末論都不可能意指啟示的臨到或被啟示的那一位的臨到乃當下直接的呈現。[68]

---

[66] Ward, “Why is Derrida Important for Theology?”, p. 265。華德所引赫特的文字出自 Kevin Hart, *The Trespass of the Sign,* p. 96。

[67] Ward, “Why is Derrida Important for Theology?”, p. 265。德里達對否定神學的討論，見氏著：“How to Avoid Speaking: Denials,” trans. John Leavey, in *Derrida and Negative Theology*, eds. Harold Coward and Toby Foshay (Albany: State University of New York Press, 1992), pp. 61～67；亦參卡普托在“The Good News about Alterity”第三節“The Otherness of God”的疏解。

[68] 關於這一點，筆者撰有〈基督信仰的反／非邏各斯中心主義〉一文，探討莫特曼神學中這一特性，參《當代》第183期，2002年11月，頁36～45。

啟示的臨到或被啟示的那一位的臨到只會是不斷地在語言文字之中隱蔽其自己，使得語言文字不得不持續地進行解釋和再解釋啟示的臨到或被啟示的那一位的臨到，而沒有一次過全然可被掌握的可能；因此沒有全備的教義啟示及終末論，反之乃是敞開的，在過去的頒令與將來的臨在之間運動。「我們乃是在被釘十字架與復活之間來做神學的。我們的時間是聖星期六時期、聖星期六之前的時期。」[69]

消極來說，延異劃下了神學中可說的界限，以及定規了做神學的時間和空間的性質。[70] 但這兩點卻跟其積極面相對應。首先，德里達所關注的形而上學的界限，同時為神學思考所應當留心的。[71] 延異質問形而上學的論述，因為它高抬存有的在場呈現，神學思考要想不變成形而上學，就必須明白到只有透過信仰來閱讀一切的神學語言文字。[72] 延異對形而上學的質詢為信仰敞開了空間，但這信仰不是在黑暗中的跳躍，而是對延異質詢所作的回應，事實上，信仰與延異的質詢同謀，[73] 要對形而上學作出解構，使得形而上學成為痕迹，在冥化之中指向域外的相異他者。

隨這而來的觀點，自然是神學的與無神的語言均在痕迹冥化的運動中無分彼此，既可以是道的論述亦可以是一套隨意代表對象的符號系統的論述。這樣的意思是，「雖然我們不能談論上帝或對祂有任何知識，但也不能不談論上帝，因為我們總是預設對祂有所認識。德里

[69] Ward, “Why is Derrida Important for Theology?”, pp. 266～267.

[70] Ward, “Why is Derrida Important for Theology?”, p. 267.

[71] Ward, “Why is Derrida Important for Theology?”, p. 267.

[72] Ward, “Why is Derrida Important for Theology?”, p. 267.

[73] Ward, “Why is Derrida Important for Theology?”, p. 267.

達寫道：『符號那可認識的面容仍然轉身指向道及上帝的臉容。』並且因為不能否定符號那可認識的面容，則只能對之提出質詢以及延遲其意義之臨到。延異繼續看重道的在場並賦予神學語言不可泯滅的本性一定的重要。」[74] 神學論述乃是既不可能但又可能的。不可能就成了無神的語言，這是因為痕迹冥化了，使得「文本之外乃為無。」[75]「無」是歧義的。既是無一物又是上帝隱蔽其自己而為「無」。「無」是無法被言說的。但神學論述又是可能的，這是因為痕迹的出現，上帝在痕迹中現身使得對上帝的言說成為可能，但這可能又是不可能的可能，是以冥化為其先決條件的。因此，一切對上帝的言說都是可有可無的。

總的來說，解構的發現對神學是不可或缺的。華德在〈為何德里達對神學那麼重要〉一文的總結，亦可引用作為本文初步的結語：

> 延異，正如我早前所說，在其運動中打開了問題並保留問題（以及尋問）。問題為形而上學而非神學思考設下界限。神學思考，思想上帝的作為並在上帝的作為中思考，開始於哲學的界限；它始於信仰，而信仰是對問題的醜聞的回應。[76]

[74] Ward, "Why is Derrida Important for Theology?", pp. 267～268.

[75] 戴維斯（Oliver Davis）說：「〔……〕因為『所指涉的其自身的同一性不斷地隱蔽其自己，並總是在路途中。』他〔德里達〕因而宣稱著名的語句：『文本之外乃為無。』」參 *A Theology of Compassion* (London: SCM, 2001), p. 123。戴維斯在本書頁122～129亦討論德里達對否定神學的見解。

[76] Ward, "Why is Derrida Important for Theology?", pp. 267～268.

一種空的文字學——從龍樹到德里達

一

陳榮灼在衡定龍樹（Nagarjuna, 150～250）的邏輯時指出：

> 如果龍樹之「哲學進路」主要是「如其所如地作直覺式之描述」，則「語言」之地位應該相應地加以提高！可惜，即使龍樹像上田義文所說，亦有將「語言」了解為「教」之做法，無奈其「語言觀』仍沒有擺脫將「語言」之地位視作「次要」、「工具義」（instrumental）的立場〔……〕[1]

本文目的在於順著這種思路來繼續思考，龍樹對語言的看法除了是「次要的」、「工具義」的，還可以有甚麼較為正面的了

[1] 陳榮灼：〈龍樹的邏輯〉，《鵝湖學誌》第3期（1989年9月），頁123。

解呢？我們認為若依據龍樹於《中論》中的看法：「以有空義故，一切法得成」，則語言亦是空的，無自性的，只可惜龍樹並無用心於此，僅只以「工具義」來把握語言的本性，而未能對語言進行「如其所如地作直覺式之描述」，誠為可惜。在這裏我們嘗試以法國現象學家德里達對語言的哲學性分析，來證成語言，作為一切法的其中一種，其本性乃是空的；因為空的緣故，語言方成為語言。那麼，這樣理解語言，即不純粹以語言為工具，則語言何以是空的？語言何以能獲取「教」的身分，而讓人悟入一切法皆空的真理、實相？簡單來說，就語言本身來說，如何可以從語言之性空而悟入一切法空？這是本文想要處理的問題。佛教言文字般若，這就必得就文字的本性作出解說，表明何以語言可以獲得「教」的身分，顯明何以佛教不離文字而能悟入空理。

龍樹為禪宗天竺第十四代祖師，弘揚大乘佛法，據說出生在南印度德干高原的溫達拉巴地區一個婆羅門家族，傳世著作眾多，如《中論》、《迴諍論》、《十二門論》等。

二

上田義文在《佛教思想（一）：在印度的開展》一書的第四章第二節「中觀的緣起思想」論到何為「緣起」時，以「教」的地位來安立語言，而不能隨便把一切語言視為戲論。上田明白指出：「言詞（*vāc*）可分為二種，一個是把『緣起』認為不可說的（戲論，*prapañca*），另一個是認為『緣起是可說的』（教，*deśanā*）。由是，思維亦可分為二種，一個是使用『戲論』的思維叫做『妄分別』（*vikalpa*），另一個思考『教』的思維叫做『般若』（*prajñā*）。」[2] 陳榮灼指出上田義文的解答屬於分析性的：「『語言』有雙重性格。一是作為『戲論』的身分，此即落在『分別的層面』看語言，語言的功能是『了別』。〔……〕屬於以『有』與『無』的向度之思維格局看語言，〔……〕但語言還有另一性格，此即『教』（*deśanā*）。作為『教』的語言，則超出『有』與『無』之向度〔……〕」。[3] 意即他只是透過兩種不同的思考：「妄分別」與「般若」來把兩種語言分別開來，因而有「戲論」和「教」的語言。但這兩種語言的分別，在上田的分析中，其實十分簡單，主要在於言詞與實在（Being）是否不離地結合在一起。

上田義文清楚表明「戲論」「這種言詞或思維，是不能夠處理叫做『緣起』之實在（*tattva*＝*paramārtha*）的」。[4] 為甚麼呢？

---

[2] 上田義文：〈中觀的緣起思想〉，載《佛教思想（一）：在印度的開展》，玉城康四郎編，李世傑譯（台北：幼獅文化事業，1985），頁165。

[3] 陳榮灼：《「現代」與「後現代」之間》（台北：時報文化，1992），頁239～240。

[4] 上田義文：〈中觀的緣起思想〉，頁165。

因為「戲論」的語言是以能詮與所詮（*abhidhāna-abhidheya*）為結構的，但緣起之實在並非語言的所詮、所表達的東西。即是說，緣起之實在並不落入「能知」與「所知」（*jñāna-jñeya*）的主一客格局之中。反之，緣起使得戲論寂滅，[5] 止滅「能表達」與「所表達」的關係，實質是止滅一切生起有與無的心之境。[6] 我們可以說，因為戲論是主一客、能一所結構的，屬於以「有」與「無」的向度的思維格局，但緣起之實在則不屬此一結構，超出「有」與「無」之向度，故此戲論的語言無法表達緣起之實在，是以，上田義文說：「『戲論』與使用它的思維，是與『實在』不一致的。」[7] 這也就是說「戲論」的言詞和思維，是與實在分離的。相反，上田指出：「以『教』而可由般若來說明『實在』這種言詞，是表達『實在』本身所用的，故其言詞，並不是『自己完結性』的。將超越言詞本身之實在，包含在言詞中的意思是有的，而言詞乃與實在不離地結合著。」[8] 為甚麼可以把「言詞」與「實在」，或「思維」與「實在」結合起來，形成一個統一體？上田義文這樣說：「完全不要把對象來思維〔……〕，要以這樣的思維〔……〕來思維才行。〔……〕反過來說，要用『非思維的思維』〔……〕」[9] 上田義文這裏所講的「教」的思維，其實只是非對象性思維，不用能一所、有一無等去把握和認識緣起之實在。

[5] 上田義文：〈中觀的緣起思想〉，頁165。
[6] 上田義文：〈中觀的緣起思想〉，頁164。
[7] 上田義文：〈中觀的緣起思想〉，頁165。
[8] 上田義文：〈中觀的緣起思想〉，頁165；亦參頁166。
[9] 上田義文：〈中觀的緣起思想〉，頁167。

這是反面的說法，但正面呢？反面是不作分別，那麼正面就是「言詞」與「實在」的結合。意思是其被思維、言說的東西，是「實在本身」，而不是「概念」。「於是，思維者，並不是 *vikalpa*，而是 *prajñā*，*prajñā* 是菩薩的『智』。菩薩即智者（*vidvas*），見此緣起如幻之存在諸法，把它思維，用 *deśanā* 來說明。菩薩依照其自身，用言詞而說明（為別人而說自證法）。」[10] 這裏上田義文只是就菩薩之般若智來保證對緣起實在之思維與言說，乃是如其所如，他並沒有就言說的非了別性格作出進一步的分析。

三

在這裏，讓我們首先深入了解龍樹自己對語言的看法，然後方才引介德里達來證成語言之「教」的身分及性格。萬金川在其博士論文《龍樹的語言概念》[11] 詳細討論了龍樹及其異論者之間就語言而作出的爭辯。從這一研究之中我們發現龍樹的論敵是主張依實而有名的看法，在《迴諍論》第九詩頌裏清楚展示了異論者的觀點：

[10] 上田義文：〈中觀的緣起思想〉，頁169。

[11] 萬金川：《龍樹的語言概念》（南投：正觀出版社，1995）。

> 如果事物的固有本性並不存在，那麼甚至連「沒有固有本性」這個名稱也是不可以有的；因為缺乏一個所指涉的實物，名稱就無從產生。[12]

這種名依於實的語言觀實乃一種「指涉論」（the referential theory），要求的是「言語」必須具有相應的實在物。[13] 異論者其實持有「自性」的觀點，主張「有物有名，無物無名；以一切法皆有名故，當知諸法皆有自體」（《迴諍論》第九詩頌）。[14]

龍樹站在「一切法皆空」、物無自性的立場，自然否定「名實相應」的語言觀，否定異論者以為「缺乏固有本性」、「空性」這類語詞是有相應的實在物這一說法。就此，龍樹說：

> 如果有某些事物是不空的，那麼就可以有些〔為「空性」一詞所指涉的〕所謂「空的事物」存在；然而，並沒有任何事物是不空的，那麼怎會有〔為「空性」一詞所指涉的〕所謂「空的事物」存在呢？透過諸勝者（諸佛）所講述的「空性」，乃是對一切偏失立論的捨離而言；而那些「空性」的偏失立論者（亦即視「空性」一詞所指涉的對象是「有」或「無」的人），諸勝

[12] 譯文引自萬金川：《龍樹的語言概念》，頁14～15。

[13] 萬金川：《龍樹的語言概念》，頁15。

[14] 轉引自林鎮國：〈龍樹《迴諍論》與反基礎主義的知識論批判〉，載《佛教研究面面觀》，劉澤亮編（北京：宗教文化出版社，2006），頁238。

者一直都說他們是不可救藥的人。（《中論》觀行品第十三）[15]

因此，對龍樹來說，一切事物，包括「空性」、「如來」都只是基於「假名無實的概念」而被說及的（《中論》觀如來品第二十二）。[16] 萬金川就此而說：「基於這種觀點，龍樹認為透過『言語』並不能使我們把握到任何真實的事物」，[17] 並進一步指出：「在龍樹的論書裏，諸如『一般的理解』（*samvrti*，**世俗**）、『言語的假構』〔引按，*prapañca*，**戲論**〕、『假名無實的概念』、『共同的言語習性』都是涉及『語言』的重要概念，而龍樹使用這些概念的意圖即在彰顯『語言』對『實在』的無力感，而要求我們遠離一切言語的虛構，直接去觀照『事物的本然狀態』（*dharmatā*，**法性**）。」[18] 如此一來，則語言文字並非「真理之道」，而且極有可能成為「障害的活動」。[19] 可是，另一方面，萬金川又認為龍樹是認許「言語」在「救渡學上的功能」（soteriological function），這是因為龍樹在《大智度論》卷二十五釋「四無礙智」的疏文表示：「菩薩用是語言說法，知語言空如響相，所說法示眾生，令信知同法性。所說名字言語通達無滯，是名法無礙智。〔……〕菩薩於一字中能說一切字，一語中能說一切語〔……〕皆隨可度者而有所益。〔……〕

[15] 譯文轉引自萬金川：《龍樹的語言概念》，頁16。

[16] 轉引自萬金川：《龍樹的語言概念》，頁17。

[17] 萬金川：《龍樹的語言概念》，頁18。

[18] 萬金川：《龍樹的語言概念》，頁18。

[19] 萬金川：《龍樹的語言概念》，頁19。

是名摩訶衍中菩薩四無礙智力，能度眾生，是名無礙智義。」[20] 那麼，我們該如何解釋「文字般若」呢？如果按照萬金川的看法，龍樹是「在『約定俗成』的觀點下（所謂『世間一般理解的真實』〔*lokasamvrti-satya*〕，亦即『世俗諦』〔*vayavahāra*〕的立場）承認『言語』在導入『最高意義的真實』（*parmārtha-satya*，**第一義諦**）上的工具價值」。[21] 這樣一來，在世俗諦的立場底下，頂多承認語言的工具價值。若語言具有上田義文所謂教的身分，則這種身分底下的語言仍然只是一種工具，其能作為教，亦只在於菩薩的智用，而不在於語言文字自身的本性。

事實上，若按照龍樹的基本看法：「一切法空」，那麼，一切事物（*sarvadharma*），包括「言語」在內，都沒有「本質」（*svabhāva*＝essence）。[22] 事實上，龍樹自己十分清楚地表明這一看法，他在《迴爭論》卷二十二說：「若離因緣，則無諸法。若因緣生，則無自體，以無自體故得言空。如是我語亦因緣生，若因緣生則無自體，以無自體故得言空。〔……〕如是如是，我語因緣和合而生，如是得言無有自體。若無自體，如是得言無自體成。如是空語，世間受用。」[23] 語言的存有論（ontological）性格乃是緣生、無自體、空。林鎮國順此而論說「龍樹試圖論證惟有從無自性的觀點出發才能說明語言作用的可能」。[24] 他進一步扣緊空性來解釋空用之所

[20] 轉引自萬金川：《龍樹的語言概念》，頁108。

[21] 萬金川：《龍樹的語言概念》，頁107。

[22] 萬金川：《龍樹的語言概念》，頁108。

[23] 轉引自林鎮國：〈龍樹《回諍論》與反基礎主義的知識論批判〉，頁239。

[24] 林鎮國：〈龍樹《回諍論》與反基礎主義的知識論批判〉，頁240。

以可能：「當龍樹說『我語亦因緣生』、『我語因緣和合而生』時，他可能持著脈絡論的觀點，主張語言的意義來自語言使用的脈絡，而非來自語言的自性。也就是說，因緣和合的脈絡使得語言的作用成為可能。」[25] 林鎮國這裏以脈絡論來解釋因緣和合的空性，但其所講的脈絡乃是語言使用的脈絡，而非首先是語言自身的脈絡，這種看法仍然是工具論，他下面的一段文字清楚不過：「語言本身是空無自性，卻可用來作為溝通的工具；語言的意義與作用並非來自語言的自性，而是來自實用的脈絡，這實用的言說脈絡即是〔……〕『世俗諦』（*vayavahāra*）。」[26] 這種看法跟萬金川的看法並無差異，分別只在於林鎮國以語用來解釋語言是透過「示知（*jñāpayati*）存有物本來就是無自性（*bhāva ninsvabhāvā*）」。[27]

四

在這裏我們想要指出，一方面，在龍樹對語言的分析中，其實包含了某些思想資源可以幫助我們進一步了解語言之空性，另一方面，龍樹這方面隱含的看法，則可由法國哲學家德里達對語言的反省而得到顯豁和發展。龍樹在《迴諍論》第二十二詩頌這樣說：「事物（*bhāva*＝*dharma*）透過他者而存在，其本性即是所謂的空性；因為透過他者而存在的，就是沒有固有本性。」[28] 萬金

[25] 林鎮國：〈龍樹《回諍論》與反基礎主義的知識論批判〉，頁240。

[26] 林鎮國：〈龍樹《回諍論》與反基礎主義的知識論批判〉，頁240～241。

[27] 林鎮國：〈龍樹《回諍論》與反基礎主義的知識論批判〉，頁241。

[28] 譯文轉引萬金川：《龍樹的語言概念》，頁65。

川根據這種觀點不單指出「透個名言概念來詮表的事物〔……〕是沒有固有本性的複合物」，[29] 並且進一步表示：「顯然在龍樹心目中，一切的假名都是綜合的（synthetic），亦即在運作上，為了要指稱某一物，我們實際上是把組成該一事物的各種成素綜合起來成為一個概念或變成一個語詞以進行這項工作。〔……〕龍樹之意是說，我們不可能有一個非綜合的名稱或概念，可以用來指稱或代表某一『單純物』〔……〕。」[30] 這無疑是說，假名是空的，其為空乃在於其為綜合的，實質這綜合即緣起和合，沒有自性的。語言之為假名，不單是語言之外沒有相應的實在，而更在於語言自身亦是緣起性空的。是以，作為假名，其實亦是假名有，是相互依存而起現的。當語言，以及語言之外的一切事物，均是緣起性空，則「一切存在事物並沒有一個外於『言語』的存在底據，所以它們終究是不實在的（*abhāva*）」、[31] 無底據的（*apratistha*）。[32] 意思是一切事物以言語為本，但因為言語是無本的，故一切事物以言語為本，實即無本，以無本為本。這難道不就是文字般若的作用嗎？這是從文字的無本顯一切法之無本。「一切存在事物並沒有一個外於『言語』的存在底據」並不意味著語言唯心主義（linguistic idealism），毋寧是說，「一切存在事物均以『言語』的無本為本」。從特殊性來說，一切事物

[29] 萬金川：《龍樹的語言概念》，頁65。
[30] 萬金川：《龍樹的語言概念》，頁67。
[31] 萬金川：《龍樹的語言概念》，頁78。
[32] 萬金川：《龍樹的語言概念》，頁78。

都是假名所詮表而為假名有；從普遍性來說，則一切事物均是依因待緣而為性空。因此，「只要是藉著假名所詮表的事物，它即是一種在彼此依待狀態下而沒有底據的雜多（**所謂『因緣和合而有』**），而對一切『假名』而言，其本身也注定是一種『綜合』後的結果」。[33] 事實上，龍樹自己在疏解《迴諍論》第二十二詩頌就說過：「如果我語亦因緣生，若因緣生則無自體，以無自體故得言空。〔……〕若無自體，如是得言無自體成。如是空語，世間受用。」龍樹這說法可以進一步導引出我們上述的觀點：「一切存在事物均以『言語』的無本為本」。正因語言乃空語、無本之語，為一假名有，故可由假入空，而證得中道，這是由語言的角度來理解龍樹《中論》觀四諦品第二十四之第十八詩頌所說的：「眾因緣生法，我說即是空，亦為是假名，亦是中道義。」

由此，我們想進一步提出，龍樹的著作中實在隱含著德里達的哲學思想：「文本以外無一物」（There is nothing outside of the text），只是最終他仍受制於下面的看法：以「世間言語的習慣」來看待語言：「但有假名（*prajñpti-māta*），但為言語的習慣（*vyavahāra-mātra*），但為一般的理解（*samvrti-mātra*）〔引按，即俗諦〕」。[34] 把「世間的言語」視作「障蔽真實的東西」[35] 本無問題，可是龍樹所講的言語即世間言語，世間言語即言語本身，即或言語可以有救渡的作用也只是因為菩薩之善巧智用而已。這明

[33] 萬金川：《龍樹的語言概念》，頁89。
[34] 萬金川：《龍樹的語言概念》，頁69。
[35] 萬金川：《龍樹的語言概念》，頁75～76。

顯是只注意到言語與實在是異質的，但卻忽略了，言語當其被意識到為假有之時，乃是與實在同一結構的，但為性空。可是，語言這一性空的身分龍樹並非不曉得，只是他沒有從語言之性空來進一步思考其「教」之身分，沒有扣緊語言之緣起和合來考慮由假入空的實踐。若按即假即空即中的三諦圓融的看法，顯然龍樹在討論語言的本性上忽略了由假入空而可進一步的深入發掘其救渡的作用，故僅只停留在工具義的立場。這是十分可惜的。因此我們順著龍樹所講的言語無自性、因緣而生來引進德里達的「文本以外無一物」的思想，來發展龍樹的語言哲學。

五

德里達的語言觀怎麼樣的？基本上，德里達認為語言之本性是透過書寫的文字方可顯豁出來的，那麼，書寫的文字其結構又是怎樣的？這就涉及德里達於《迹冥論》（*Of Grammatology*，或譯《論文字學》）的軸心性命題：「文本以外無一物。」[36] 德里達這句說話的意思是每一事物都是文本，因而不存在外在的文本，因此，當每一事物都是文本，當沒有東西是先於文本性（textuality），那麼，就沒有再現的東西。[37] 文本之外只是文本，並沒有文本再現的東西，在這裏，名不必依實，而只依於文本。是以，對德里達來說，文本並非現場／臨在（presence）的模仿，相反，現場／臨在乃是文本

[36] Jacques Derrida, *Of Grammatology*, trans. Gayatri Chakravorty Spivak (Baltimore and London: The Johns Hopkins University Press, 1976), p. 163.

[37] Niall Lucy, *A Derrida Dictionary* (Oxford: Blackwell, 2004), p. 143.

性的效果、作用。[38] 這就像龍樹所講的「以有空義故，一切法得成」，我們可以仿龍樹而說「以有文本故，一切法得成」。這是說，文本性並非只是文字的結構，卻是一切事物的結構，具有普遍性，因此，德里達並非要想把一切都化約成為語言或文字，他不過是想要指出一切實在其本性都具有文本性的結構，只是他特別透過對文字作出分析從而顯明這一意思。巴德利（Arthur Bradley）就文本性對事物的同一性所起的作用作出了分析：「〔……〕每一主體或客體其同一性並不依於任何事物自身之內的內在性質，而是像語言那樣，依於**差異**，這是跟其他潛在地無限的一連串主體或客體而生的差異。這差異同為產生一切同一性的推動力，並且〔……〕它是使得沒有任何同一性是可以終必完成或在其自身是自我圓足的。」[39] 這充份表明，物無自性，而在於差異，而書寫的文字其本性正正能顯明這一點。書寫文字這種特性對語言具有「教」之身分及作用極為重要，因為這樣就不單只肯定「言語」在導入「最高意義的真實」上的工具價值，[40] 並且進一步肯定語言及文字的空的本性，而可由此而解釋何以可以使用語言及文字讓人悟空。

簡單來說，依德里達的看法，我們在使用語言和文字來表達我們自己，其底據乃是我們的語言和文字能夠在我們的意圖之外，於以後一連串無限的新的處境（contexts）中被重複。為甚麼可以

[38] Lucy, *A Derrida Dictionary*, p. 143.

[39] Arthur Bradley, *Negative Theology and Modern Philosophy* (London/New York: Routledge, 2004), p. 26

[40] 萬金川：《龍樹的語言概念》，頁107。

這樣呢？德里達認為這完全不在於語言和文字以外的任何原因，而只在於語言和文字自身的結構，這結構是語言及文字得以被不斷閱讀的可能條件。[41] 再進一步說，這涉及語言及文字的未定性（undecidability）。[42] 這未定性使得語言及文字可以不限於過去，而可於現在及將來不斷重複地被閱讀。語言和文字之所以可以不斷被閱讀，不在於其指涉外在於語言及文字的實在，即不在於有一自性的東西、事物可以被相應的語言和文字所描述、指涉。閱讀之所以可能，只在於書寫文字自身的延異（*différance*）。延異是一種活動，包含了差異（differing）與延遲（deferring）。[43] 德里達以書寫文字的延異特性來進一步指出語言以及一切事物都具有這種結構。為甚麼延異的意義特別存在於書寫？因為延異的法文 *différance* 跟 *différence* 是不能藉賴發音來分別兩者的差異，所以就不能直接從其發音來把握 *différance* 的意義，而只能藉著其在德里達的文本中透過其他文字特別是差異與延遲來明白其意義。在這裏，書寫文字就徹底地表現了文本性的（將來的）他者向度。德里達說：「作為延異的文字就是不再從在場與不在場的對立出發來思考的一種結構和運動了。延異是差異和差異之蹤迹（trace）的系統遊戲，也是間隔（spacing）的系統遊戲，正是通過間隔，各種要

[41] Bradley, *Negative Theology and Modern Philosophy*, p. 25.

[42] Bradley, *Negative Theology and Modern Philosophy*, p. 25.

[43] 這裏涉及時間化（temporalization）和間隔化（spacing），見 Jacques Derrida, *Margins of Philosophy*, trans. Alan Bass (Brighton: Harvester, 1982), pp. 7～8；中譯參〈延異〉，載《後現代性的哲學話語——從福柯到賽義德》，汪民安、陳永國、馬海良編，汪民安譯（杭州：浙江人民出版社，2000），頁72。

素才有了關係。」[44]「延異是差異和差異之蹤迹的系統遊戲」，這是說書寫文字是在一種不斷指向差異的他者的過程中。「文本以外無一物」，並非說「沒有指涉」，而是說「被指涉的是文本的」（the referent is textual），[45] 即所指不是在文本以外的，而是纏繞在「差異的網絡」（differential network）及「痕迹的織布」（fabric of traces）之中。[46] 所以，「文本不是一種在場」（the text is not a presence），[47] 但也不是不在場，文本是既非在場又非不在場，乃是痕迹。書寫的文字十分能夠顯明文本這種本性。文本總是在朝向差異的他者的運動之中。德里達自己清楚表明：「解構總是深切關注語言的『他者』。〔……〕對邏各斯中心主義（logo-centrism）的批判，最為重要的乃是尋找『他者』以及『語言的他者』。」[48] 語言中的他者就是所指，這所指構成了能指的意義，但這所指有異於能指，但不能終止地、無限地跟其他所指連結起來，這就使得能指的意義既臨在又被抹去，一如痕迹那樣，「說某些東西**是**（is）乃是說它異於其他（it defers）。也

---

[44] Jacques Derrida, *Positions*, trans. Alan Bass (Chicago: The University of Chicago Press, 1981), p. 27；中譯：《多重立場》，佘碧平譯（北京：三聯書店，2004），頁31。

[45] "Deconstruction in America: An Interview with Jacques Derrida," trans. James Creech, *Critical Exchange* 17 (1985): 19；轉引自 Nicholas Royle, *Jacques Derrida* (London: Routledge, 2003), p. 65.

[46] Royle, *Jacques Derrida*, p. 65.

[47] Jacques Derrida, "Afterword: Toward An Ethic of Discussion," trans. Samuel Weber, in *Limited Inc* (Evanston: Northwestern University Press, 1988), p. 137.

[48] Richard Kearney, *Dialogues with Contemporary Continential Thinkers* (Manchester: Manchester University Press, 1984), p. 123.

同時是說，因為**它異於**其他，**它**無終止地**延遲**（it defers）它『自己』被建構為一自主的或圓滿的東西，無論是記號、真理、主體或類似的東西。」[49]

德里達所說的延異，使得差異可能，使得詞語、文字的意義其同一性不能完全固定下來，一方面在於文本以外無一自性的東西為其代表、映現，另一方面，更為重要的是，書寫文字的文本性、延異使得意義不斷延遲、不能停駐於當下而完全呈現和在場。德里達說：「正是因為延異，也只是每一個所謂的『在場』素，每個出現在在場場景中的因素同非他自身之物相關的情況下，表意活動才是可能的。現時對在場素因此也使自身保留過去因素的標誌，它已經通過表明以未來因素的關係讓自身變質，這就構成了蹤迹，此蹤迹同未來、同過去有同等的相關性，且通過和他者的相關性構成了所謂的現時在場者，此他者乃現時在場者絕對的他者，甚至不是過去和未來的修改過的在場者。」[50] 我們可以循此而說，「以有延異故，一切法得成」，但這法乃是假有，和合而生，不過是痕迹，故此，「以有延異故，一切法皆空」。德里達所講的延異，在書寫文字之中可以充份表現出來，其這一結構，方才可以滿足「菩薩於一字中能說一切字，一語中能說一切語〔……〕皆隨可度者而有所益」（《大智度論》卷二十五釋「四無礙智」）。[51] 菩薩之智用語言文字，乃在於語言文字具有這延異的性空特性，在一字中說一切

[49] Lucy, *A Derrida Dictionary*, p. 27.

[50] Derrida, *Margins of Philosophy*, p. 13；中譯：〈延異〉，頁77。

[51] 萬金川：《龍樹的語言概念》，頁108。

字，在一語中說一切語，馬上就顯出語言文字的意義並非當下在場而自主圓成。菩薩之說，乃是延異之說，實是空說，因為最終一無所說，這一無所說乃是一無定說，謂「空」定然如此如此。於是，所謂「教」，乃是示知而非描述，透過語言文字之示知自身之意義既非在場又非不在場、既在場又不在場來顯明空無自體，透過語言文字之痕迹而示知「通過和他者的相關性構成了所謂的現時在場者」。事實上，龍樹自己在《中論》觀四諦品第二十四之第十八詩頌，就有延異的實踐：

眾因緣生法，我說即是空，
亦為是假名，亦是中道義。

龍樹在這裏提及了「緣起」、「空性」、「假名」與「中道」這四個概念，「根據月稱的疏釋，後三個概念都是『緣起』的『異名』（*viśesa-samjñā*）」。[52] 「緣起」的意義並不由「緣起」一詞語自身足以完全決定，龍樹藉著語言中的他者：「空性」、「假名」和「中道」來了解、說明「緣起」的意義，萬金川的翻譯很能表明這種透過相關的他者來使得「緣起」一語的意義不斷地開展又塗抹的實踐：

凡依原因與條件而起現（緣起）的事物，即是我們所謂的「空

[52] 萬金川：《龍樹的語言概念》，頁89。

性」，空性是個假名立在某些事物的名稱（假名），空性即是中道。[53]

六

最後，我們可以稍作總結而指出，文字般若必然要在文字無本底下方才可以發生其作用。文字無本乃在於文字的文本性，文本性以延異之活動為結構，顯現而為痕迹，由痕迹而言假有，由痕迹之冥化而言空。實情乃是，痕迹乃是假有、痕迹之冥化乃是空無自性。延異，使一切法，包括語言在內，既得成，也皆空。延異，就是緣起的別名，因而性空。它不是名字，也不是概念，卻生發了一切法，包括語言在內。我們認為在龍樹的思想中已經進到語言性空的肯定，但卻因其堅持語言乃俗諦：世間語言的習慣，結果只能就菩薩之善巧智用來講語言的工具價值。這樣一來，文字般若所涵有的「文字本身乃具有教的身分與作用」即被否定，而只在於菩薩之智用。

上田義文指出了「教」的語言文字乃非了別性格的，德里達的延異正好用來解釋這非了別的性格，是內在於語言文字的，也是內在於一切事物的。語言文字的延異運動超出了有、無的向度，因為在延異的運動底下，意義既非在場的又非不在場的，痕迹就顯出這一超出有與無的向度。語言文字這種結構使得語言文字根本無法作出再現的活動，一切再現的活動都非關語言文字的特性。「文本

[53] 萬金川：《龍樹的語言概念》，頁89。

以外無一物」，一切言語文字都在文本之中、都在脈絡之中，只要能悟入這一使意義在場又不在場的無本之語言文字的文本，則自能體悟一切法空。菩薩使用文字悟一切法空，乃在於文字自身空無自性，故不指涉描述任何實體化、自足的自性空，菩薩之善巧智用，乃只是按語言文字的空性無本而使用，依其延異的活動而示現語言文字的空性無用，也就是如其所如地使用語言，讓人如其所如地見語言文字之空性，從而悟入一切法空。

彰顯中的隱藏：禪宗與巴特的語言文字觀——取道德里達

一

美國天主教神學家特雷西（David Tracy, 1939～）嘗言：我自己的信念是，跟佛教思想（或更為準確地說，現代京都學派以當代言語再思的大乘佛教空宗）最為相近的並非黑格爾（Georg W. F. Hegel, 1770～1831）或懷德海（Alfred North Whitehead, 1861～1947），也不是杜威（John Dewey, 1859～1952），而是某些當代後現代的思潮，如德勒茲（Gilles Deleuze, 1925～1995）和德里達（Jacques Derrida, 1930～2004）。[1] 特雷西這段說話特別指到兩者共同堅持

[1] David Tracy, *Dialogue with the Other: The Inter-Religious Dialogue* (Leuven: Peters/Grand Rapid, MI: Eerdmans, 1990), p.70.

如下的虛假性：自我以及以此為實在（reality）的基礎。[2]事實上，在耶佛對話中，對無我和空的討論是相當受到重視的，這主要是環繞在阿部正雄（Masao Abe）的文章〈虛己的上帝與動態的空〉（"Kenotic God and Dynamic Sunyata"）而開展的。[3]特雷西上述的觀察，即當代後現代思想跟佛教思想的相近性，是十分值得深入探討的。另一方面，後現代哲學又對基督教神學的發展有著不可估量的影響，這特別表現在德里達身上。[4]因此，本文嘗試以德里達為中介，討論佛教思想與基督教神學。這方面的討論意不在比較，而僅在於相互發明，特別是對於一些彼此有待確定的思想，希望能起到澄清的作用，有助雙方各自進一步發展。

德里達的哲學從語言入手，達到破除在場形而上學（metaphysics of the presence）並其所含有的邏各斯中心主義（logocentrism）的效果，這在現代哲學的場景中，更涉及對人性中心主義（anthropocentrism）的批判。中國佛教在發展到禪

[2] Tracy, *Dialogue with the Other*, p.71.

[3] John B. Cobb, Jr and Christopher Ives, eds., The Emptying God: *A Buddhist-Jewish-Christian Conversation* (Maryknoll: Orbis, 1990)；Christopher Ives, ed., *Divine Emptiness and Historical Fullness*: A Buddhist Jewish Christian Conversation with Masao Abe (Valley Forge: Trinity Press International, 1995)；另Roger Cordless and Paul F. Knitter, eds., *Buddhist Emptiness and Christian Trinity: Essays and Explorations* (Mahwah, NJ: Paulist, 1990)。

[4] 有關的討論文章及著作，見John D. Caputo, ed., *Deconstruction in a Nutshell: A Conversation with Jacques Derrida* (New York: Fordham University Press, 1997), pp. 92～93, n.7。

宗的時候，亦有一種對語言的特殊的看法，而當代神學對言說上帝（God-talk）反省甚多。更為重要的是，在這些思想當中，並不純只是對語言的反思，其中實含有一套與之相應的存有論（ontology）或上帝論、人性論。固然，語言，存有（Being）或上帝、人性（humanity）是不能互相分割的；但明顯地，在這些思想中，語言被提高到前所未有的高度，具有存有論的地位。是以，本文特別聚焦於語言來開展討論，德里達的哲學在這當中所扮演的角式乃是中介性的。因為相對來說，他對語言的哲學性反省是三者中最為主題化的，可以透過他這方面的思想幫助我們顯明佛教禪宗及當代神學特別是德國神學家巴特（Karl Barth, 1886～1968）的語言觀，尤其是存有或上帝與語言的關係。

二

葉秀山在一篇討論德里達哲學的文章中指出，在學理的意義上，德里達可稱之為「隱晦哲學家」，[5] 實在是一針見血。隱晦在這裏並非指表達方式、行文風格，而是哲學思想的主題。隱晦是相對於顯現來說的。一般來說，哲學的工作都重在顯現存有、真理，但二十世紀的法國哲學卻走上歸隱之路，德里達是其中的表表者。重視存有、真理之隱蔽並非否定其顯現，而是前者較後者更具優先性（primacy）。

[5] 葉秀山：〈意義世界的埋葬－評隱晦哲學家德里達〉，《葉秀山卷》（合肥：安徽教育出版社，1999），頁262。尚杰認為「胡賽爾〔Edmund Husserl, 1859～1938〕才是最大的『隱晦哲學家』」。見氏著：《歸隱之路－20世紀法國哲學的蹤迹》（南京：江蘇人民出版社，2002），頁5。

這種哲學觀點在德里達對文字文本的分析中充分展現出來。

德里達在回應那些批評其思想為語言之外無一物，而我們被囚禁在語言之中時指出：「事實上，我要說的剛剛相反。對邏各斯中心主義的批判，最為重要的乃是尋找『他者』，以及『語言〔以外〕的他者』。」[6]「我從未說過一切都是語言的，我們都封閉在語言裏。事實上，我說的正好相反，對理性中心論的解構，恰恰是要拆除這種認為一切都是語言哲學的。」[7] 德里達破除邏各斯中心主義（或理性中心論）的手法主要是解構，但解構之外他尚有一套文字的「迹冥論」（grammatology），[8] 表明文字與文字以外的他者的關係，也就是文字與存有、真理之關係。

德里達針對在場形而上學所重視的當下呈現的優先性，表明存有、真理的隱蔽性，這可見於其對延異（*différance*）的重視。相應於存有、真理這種特性的語言哲學，在德里達來說，就是迹冥論。語言的本質就是痕迹。痕迹的特點是既在場又不在場，痕迹本身就是在場的，但這在場只是痕迹，要被冥化（effaced），否則即不成痕迹。

> 在場，因而並非尋常所想的，是記號之所指、痕迹的指向對象；在場，因而乃是痕迹的痕迹，冥化了的痕迹之後的痕迹，對我們來說，這就是形而上學的文本，我們所說的語言。只有

[6] Richard Kearney, *Dialogue with Contemporary Continental Thinkers* (Manchester: Manchester University Press, 1984), p.123.

[7] 轉引自黃燦然：〈德里達訪談〉，《明報》，2003年1月14日，頁D4。

[8] 借用陳榮灼的翻譯，見陳榮灼：〈狄里達的『迹冥論』〉，《鵝湖學誌》第1期（1988），頁121～137。

> 這樣，形而上學和我們的語言符號才能指向他們自身以外的。這就是為甚麼我們可以同時思考痕迹的冥化，而不矛盾。並且，這也是為甚麼在差異的「最初痕迹」的絕對冥化與那在在場中保有其為痕迹而為可見的，兩者之間並無矛盾。[9]

語言要能指向他們自身以外的他者，而不是囚禁於自身之內的，必須是以痕迹的身分出現。而這痕迹的根本結構又不是某種不可毀滅和不朽的實體（substance），[10] 反之乃是不斷冥化的痕迹，是不斷冥化又不斷成為痕迹的痕迹。只有這樣才能解構在場形而上學。解構在場形而上學不在於完全否定當下呈現，而僅在於去除其中心性地位，表現存有、真理並非當下呈現。那麼，當下呈現的痕迹有甚麼作用，或正面價值呢？當下呈現之正面性表現於它是形上學以及我們的語言邁向其自身以外的超越的指示器。[11] 因著痕迹這一以冥化為其結構[12] 的緣故，存有、真理自然沒有可能全然當下呈現，而是隱蔽自身起來，並且更進一步，冥化使得痕迹成為痕迹，使得痕迹於當下可以指向其自身以外隱蔽的存有、真理。

另一方面，德里達又透過加插斜線重述海德格的一句話，

[9] Jacques Derrida, *Margins of Philosophy*, trans. Alan Bass (Brighton: Harvester, 1982), p.66.

[10] Jacques Derrida, *Speech and Phenomena*, trans. David B. Allison (Evanston: Northwestern University Press, 1973), p.156；中譯參：《言語與現象》，劉北成、陳銀科、方海波譯（台北：桂冠出版社，1998），頁228。

[11] 陳榮灼：〈狄里達的『迹冥論』〉，頁129。

[12] Derrida, *Speech and Phenomena*, p.156；中譯：《言語與現象》，頁228。

來表明語言與存有的關係：「存有／說話／透過每一語言；／每一處與經常地」（“Being/speaks/through every language; /everywhere and always”）。[13] 德里達這個看法表明存有與語言有一親密的關係，這個親密的關係就表現於存有透過語言來說話。換句話說，存有要彰顯自己，必得通過語言；這是因為語言以痕迹作為其本性，因而使得存有的彰顯並非當下全然呈現，以致沒有可能出現一勞永逸的再現，這就達到如其所如的效果，保障了存有自身的隱蔽性，使得海德格所講的存有與存有物（beings）之間的存有論差異（ontological difference）得以被保存下來。明顯地，這之所以可能，是因為語言本身的特殊性結構：痕迹與冥化。而值得注意的是，當存有在語言中沒有可能一勞永逸地於當下全然呈現，那麼將來就具有優先性。語言的痕迹與冥化這一結構具有延異的作用，當語言冥化之時即使得痕迹有別於存有，也同時表明存有自身之差異必得透過時間的延遲來顯出，冥化的痕迹讓我們清楚看見存有自身之差異乃一將來（隱蔽）與當下（彰顯）之間的差異，由這一將來與當下之互動（interplay）而有冥化的痕迹。

三

正如吳汝鈞的觀察，「很多人以為禪是不立文字，甚至要捨棄

[13] Derrida, Speech and Phenomena, p.160；中譯：《言語與現象》，頁233。

文字，排斥以文字來記載祖、佛的覺悟經驗的經典」。[14] 當代許多佛教禪宗的研究者都指出，禪宗「不是不立文字，而是不取不捨文字」，[15]「本離於言而終不離言」。[16] 這裏立即出現一種弔詭，如何可以「不取不捨文字」、「離言而不離言」？這固然可以從施教方便的角度來了解，如認為「禪宗大德因病與藥，加以對治，遂有不立文字與不離文字之說。實際上從不立文字到不離文字，或從不離文字到不立文字，只是善巧方便的不同而已，不立文字所破的文字，與不離文字所立的文字，從最終所要傳遞的意義上，都是一脈相通的，那就是不要拘泥、執守於文字」。[17] 可是，這樣的解釋立即就化掉了當中的弔詭性，只就對象根器之不同而決定言與默，忽略了從語言本身的特性來探討何以既不執取又不捨棄文字與既離言又不離言。怎樣的語言才能不取不捨、離而不離？再進一步，這樣的語言跟真理有何關係？單單從施教方便的角度來思考語言，很容易落入「以語言為工具」的論調當中，而只強調「不執取」、「離」的舉動，沒有照顧到「不捨棄」、「不離」的要求，而落於一邊。

禪宗直言「無心」，目的是要破絕對化的心，免得此心成

[14] 吳汝鈞：《游戲三昧：禪的實踐與終極關懷》（台北：台灣學生書局，1993），頁53。

[15] 吳汝鈞：《游戲三昧》，頁53。

[16] 劉澤亮：〈語默之間：不立文字與不離文字〉，《中國禪學》第1卷（2002），頁48。

[17] 劉澤亮：〈語默之間〉，頁48。

了主宰萬物本性的根據。禪宗言「即心即佛」、「非心非佛」、「無心」、「無念」、「平常心」、「無位真人」，目的不外表示「『自性』與『萬法』或『心』與『三千世界』之間並不具有前者創造或派生後者的關係」。[18]「通過『無心』之說，禪宗摒棄了視『心』為萬法之本，視『心』為解釋世界方法的『根據』或『理由』的看法。慧能立『無念為宗，無相為體，無住為本』，正體現出此『心』之要義。慧能甚至直接指出『無住者，為人之本性』，這就決定了『心』不是一種特殊的存在者或實體」，[19]「慧能提出『無心』之說的一個重要宗旨就是要破除把『心』看作萬法之『本』或以『心』作為解釋世界的『存在理由』的錯誤認識，這既是反對對人作實體性的了解，也是反對『心』即人對世界萬法的佔有或主宰」。[20]

心是無心，那麼，這心與萬法當有何種之關係？慧能聽《金剛經》「應無所住而生其心」而豁然大悟，提出無心，以能「對應」、「相應」、「呼應」、「回應」、「無所住」、「無住為本」。因為世界萬法以無住為本，無本乃世界萬法之本來面目。「作為這個『相應』的『心』是『無心之心』，它不是一面映照、反射外在世界的明鏡，而是『回應』、『相應』於自然，順其自然」。[21] 無，作為萬物之本來面目，就表明存有的隱蔽性，並非當

[18] 王為理：《人之問：思與禪的一種詮釋與對話》（上海：上海三聯書店，2001），頁130～131。

[19] 王為理：《人之問》，頁132～131。

[20] 王為理：《人之問》，頁141。

[21] 王為理：《人之問》，頁141～142。

下全然朗現，可以被我們徹底掌握，反之，只能順其展現、開顯而不能強求。進一步而言，存有乃係以一種既開顯又隱蔽的方式在萬物中臨到，這不單顯明隱蔽有優先性，更函有將來較當下優先的看法在內。在這樣的觀點底下，禪宗雖然並沒有就語言文字之本性來解明何以「不取不捨」、「離而不離」，但仍然提供了空間讓我們引入德里達的思想來作解說。

禪宗嘗言：「心無形相，非離言語、非不離言語。」[22] 心既非離開言語，亦並非不離言語；心與言語文字之間的關係乃是不即不離，之所以如此，乃在於存有與語言之間亦有一種特殊的親密關係，如海德格所言：「語言是存有本身澄明著又遮蔽著的到達。」[23] 語言文字的本性就如德里達所言的，以痕迹（彰顯）和冥化（隱蔽）為其結構，從而使得存有能夠如其所如地既澄明又遮蔽地臨到。這樣一來，心為無心，就必須相應於文字這種特殊性而活動，即必須透過文字又離開文字來體悟真理。文字作為痕迹一方面把過去前人體悟的真理記錄下來而呈現於當下，另一方面又透過冥化的動作消除了當下所呈現的以指向隱蔽的將來。文字的這種運動警惕我們所閱讀的並不足以完全表達真理。更嚴格來說，文字並非反映、再現真理，文字因而並非透明的，因此不可執取文字。文字只是一個指示器，痕迹乃指向一恆常隱蔽自己的真理；沒有了這痕迹的指示，我們就不可以對真理有所體會，因此同時不可能捨離文字。是以，從負面來說，文字因其不能完全呈現真理而不可執取，故言不立文字。可

[22] 《大珠禪師語錄》，卷下；轉引自王為理：《人之問》，頁28。

[23] Martin Heidegger, *Wegmarken*, s.324；轉引自王為理：《人之問》，頁28。

是，這負面同時是一正面，正因為其不完全故可發揮其正面功能，就是在冥化之中指點真理之所在，故言不捨文字。

四

最後，我們討論的是當代德國神學家巴特對語言文字的看法，這主要可見於其《教會教義學》（*Church Dogmatics*）第一卷第一部的第四節〈上帝話語的三重形式〉（"The Word of God in its Threefold Form"）。根據巴特，上帝的話語以三重形式呈現，彼此互有關連：宣講的話語（the Word of God preached）、成文的話語（ the Word of God written）、啟示的話語（the Word of God revealed）。上帝透過人寫下來的聖經和教會中的宣講來說話，與人相遇，因此，上帝的話語是事件而非條文。在這三重形式之中，最核心的是純粹形式的上帝啟示的話語，是神聖的言說－行動（divine speech-act），但只有透過人的言說－行動，即聖經和宣講，才能認識，因為上帝選擇了其為上帝話語的承載者與見證者，在這一意義底下聖經和宣講因而被稱為上帝的話語。[24]

相對於宣講的話語，成文的話語有其獨特的地位。教會宣講的話語必須以成文的話語為內容，聖經是上帝已經講出來的話語的見證，是寫下來的宣講，對此後的宣講具有絕對構成的作用。[25] 這是要防止教會的宣講變成自說自話，巴特這樣說：「聖經以及其內容為那種自言自語（self-dialogue）形式的回憶（recollection）設下了自然的界限。」[26] 他甚至表示：「〔上帝〕沒有在非成文的傳統（unwritten tradition）中向教會說話；那只是自言自語。」[27] 自言自語是種自我指涉的行為，而不是見證、指向自身以外的他者。巴特要強調的是，成文的宣講、話語乃見證，「其自身及其本相並非就是上帝過去的啟示」。[28] 十分清楚，一方面上帝成文的話語並非上帝過去的啟示本身，但也不能離開成文的話語而認識上帝的啟示。從上帝那方面來說，祂要透過成文的話語繼續向人講說話。從成文的話語這方面來說，它見證上帝過去的啟示。「〔聖經〕既是上帝的話語，它就對上帝過去的啟示作見證，並且以證據的方式而為上帝過去的啟示。」[29]

---

[24] John Webster, *Barth* (London: Continuum, 2000), p.55.

[25] Karl Barth, *Church Dogmatics* I/1, trans. Geoffrey William Bromiley (Edinburgh: T&T Clark, 1975), p.102；另巴特亦說：「宣講所應許的，乃是建基在聖經所表明的。」(Barth, *Church Dogmatics* I/1, p.111.)

[26] Barth, *Church Dogmatics* I/1, p.108.

[27] Barth, *Church Dogmatics* I/1, p.105.

[28] Barth, *Church Dogmatics* I/1, p.111.

[29] Barth, *Church Dogmatics* I/1, p.111.

巴特所了解的聖經，就是見證，「見證意即指向自身以外一特定的方向所指涉的另一位，見證因而是服事這他者，在當中言明他者的真理，當中的服事包括指向這他者」。[30] 巴特特別強調聖經作為成文的話語只是「透過其自己」而指向他者。[31] 聖經這種特性表明了成文的話語與啟示的話語之間的關係，為了要讓他者出現、啟示的話語可以被聽到，聖經必須隱退其自己。「甚麼時候我們把聖經跟這他者、啟示自身等同起來，我們就使得聖經成為貧窮及蒙羞。」[32] 聖經的權威乃在於它宣稱自己並沒有權威，它讓所見證的他者自己得到當得的權威。[33]

一方面，巴特指出，那生出聖經並讓聖經表明啟示的啟示，是一次過發生和完成的，這是指到基督道成肉身的事件。[34] 但另一方面，聖經卻必須不斷成為上帝的話語。[35] 當聖經要不斷成為上帝的話語那它就要不斷隱退，不可成為啟示的攔阻。這當中有一將來的向度在內。巴特明言：

> 聖經是具體的工具，讓教會回憶上帝過去的啟示，呼召教會期盼祂將來的啟示，並因此召喚及引導教會為此而宣講及增權。聖經，是以，其本身及本相並非就是上帝過去的啟示，正如教會的

[30] Barth, *Church Dogmatics* I/1, p.111.
[31] Barth, *Church Dogmatics* I/1, p.112.
[32] Barth, *Church Dogmatics* I/1, p.112.
[33] Barth, *Church Dogmatics* I/1, p.115.
[34] Barth, *Church Dogmatics* I/1, p.117.
[35] Barth, *Church Dogmatics* I/1, p.111.

宣講其本身及本相並非就是那被期盼的將來的啟示。[36]

啟示的將來向度揭露出聖經不可能完全呈現上帝的話語。聖經見證上帝過去的啟示，但這啟示卻蘊含著對將來的應許，要在教會的宣講中顯明出來。「宣講之為真正的宣講，即將來啟示的應許，只能是重複聖經對過去啟示的見證。」[37] 因此，聖經不得不隱退自己，讓將來啟示的應許可以呈現出來。在認信「以馬內利」（意即上帝與我們同在）的時候，同時是一回憶過去與期盼將來的舉動。「在這信之中，它回憶上帝過去的啟示，並且在這信之中，它期盼尚要來到的將來的啟示。它回憶永恆的道成為肉身以及在祂身上所成就的和好，並且它期盼耶穌基督的將來以及從邪惡勢力中得拯救。」[38] 因為上帝過去的啟示包含了對將來啟示的應許，聖經作為上帝話語的見證，就更需要指向上帝的將來，讓耶穌基督的將來及其拯救並不囿於過去，卻是不斷的臨到。

我們從上面的分析中得知，聖經作為成文的話語，本身並不可能當下完全呈現上帝，它只是一個指示器，但這個指示器又不是可有可無。最終的原因乃在於上帝自己的啟示的方式，使得成文的話語必然以見證、指示器的身分出現。巴特清楚表示：

上帝隱蔽其自己，藉此——這就是為甚麼我們一定不要嘗試闖

[36] Barth, *Church Dogmatics* I/1, p.117.
[37] Barth, *Church Dogmatics* I/1, p.108.
[38] Barth, *Church Dogmatics* I/1, p.169.

入奧祕——祂彰顯其自己。[39]

因為上帝乃隱蔽的上帝，所以祂彰顯祂自己，可是，這彰顯並不是除去祂的隱蔽，乃是彰顯祂乃一隱蔽的上帝。在彰顯之中上帝仍然是隱蔽的上帝。較諸於彰顯，隱蔽總是具有優先性。這隱蔽表明上帝乃奧祕。

奧祕指的不只是上帝的隱蔽性，更指祂以隱蔽的方式啟示，即一種類似於非直接而不是直接的非透明方式。奧祕是上帝的隱蔽，在當中祂正正就在向我們彰顯從而與我們相遇，因為祂將不會也不能彰顯其自己除了藉著隱蔽其自己。[40]

相應於上帝這種隱蔽先於彰顯的本性及啟示行動，成文話語，套用德里達的語言哲學術語，必然是以痕迹的身分出現，不斷冥化從而成為上帝啟示話語的活動分際；聖經的話語之所以成為上帝的話語，乃在於聖經的話語以見證的話語而活動。[41]

五

雖然表面看來佛教禪宗跟巴特的神學好像風馬牛不相及，沒有

[39] Barth, *Church Dogmatics* I/1, p.169.
[40] Barth, *Church Dogmatics* I/1, p.165.
[41] Barth, *Church Dogmatics* I/1, p.113.

甚麼可供比較，但透過德里達我們還是可以看見兩者之間有一定的相互發明之處。一方面，德里達對語言文字的思想幫助我們明白，禪宗所謂的不立文字，其實並非否定文字，而係與不離文字兩行不悖，互相補充。當我們以痕迹與冥化的方式去了解文字的本性，則自然明白何以要以不取不捨的態度對待文字。另一方面，巴特的啟示觀向來予人十分顯豁的意味，「上帝已經言說了」（*Deus dixit*）容易讓人忽略上帝隱蔽的一面。德里達對文字與存有之間的關係的思想，引發我們重新注意到巴特對成文啟示的分析，並在這一關注底下發現上帝隱蔽的優先性。再者，禪宗與巴特都持守存有或上帝不即不離文字來彰顯其自己的立場。換句話說，他們既沒有肯定文字，也沒有否定文字，而是既肯定文字又否定文字，這是因為存有或上帝的本性以及其彰顯自己的方式決定了文字的特性，相應地，文字即可轉過來以其自身這一特性來既彰顯又隱蔽存有或上帝。

禪宗講當下即是，巴特也講當下之啟示，但在本文的詮釋底下，當下並不窮盡真理，真理並不全然呈現於當下。當下乃一敞開的時刻，指向將來，當下也不斷冥化自己而讓將來臨到，正如文字每一刻都在隱退自己，好讓真理或啟示不斷的彰顯、臨到。換句話說，禪宗與巴特雖然同樣視真理與啟示的呈現為存在性事件，但卻是反在場的。存在事件以文字的本性為其特性，因為真理與啟示本身的運動乃是隱蔽與彰顯的互動。這樣一來，任何當下的存在性事件都必然如痕迹般冥化，當下不再是自我圓足、封閉的，而是痕迹。這就修正了傳統那種單只以現在來了解當下的做法。一旦當下是向將來開放的，它定必冥化自己，而成一冥化的當下而非圓足的當下。或要說其為圓足的當下，也只能從其指向將來而得以成立，圓足不在於當下自身，而在於當下離開自身而指向將來。透過德里達，禪宗與巴特所重視的當下就並非只講現在而忽視將來，反之，將來較現在更優先，使得現在不再囿於其自身而成一痕迹的現在。

特雷西表明佛教與後現代的法國思潮最為相近，本文環繞語言文字的本性來進一步表示：在法國德里達的哲學的啟迪底下，禪宗的思想可以跟巴特的神學作一初步的接觸。至少，我們可以看見，兩者對文字的本性的觀點十分一致，由此而引申出來的存有論或上帝觀，亦是相當親近，這特別表顯於存有或上帝在彰顯其自己之時均以隱蔽為可能之條件。可以說，德里達那種歸隱的哲學讓我們可以確定禪宗及巴特均是這方面的同路人，同以隱蔽為存有或上帝之本性。這方面的討論尚付厥如，相關的課題仍然有待開展。

取道德里達

文字並非反映、再現真理，文字因而並非透明的，因此不可執取文字。文字只是一個指示器，痕迹乃指向一恆常隱蔽自己的真理；沒有了這痕迹的指示，我們就不可以對真理有所體會，因此同時不可能捨離文字。

聖經作為成文的話語，本身並不可能當下完全呈現上帝，它只是一個指示器，但這個指示器又不是可有可無。最終的原因乃在於上帝自己的啟示的方式，使得成文的話語必然以見證、指示器的身分出現。

……

「上帝隱蔽其自己，藉此祂彰顯其自己。」

代跋代序

「我們要如何傳講要緊的福音」

林前一17－25

鄧紹光

我這裏要分享的，是承接鄧院長、伍牧長論到講台、卓越的講道，也是延續孫寶玲老師那叫人耽心的信息：產生的語言反映產生的生命，如何可以見證真道。

我們的語言，就是我們的世界。作為基督徒，我們說甚麼樣的語言，我們就成了甚麼樣的基督徒。作為教會，我們說甚麼樣的語言，我們就成了甚麼樣的教會。梁家麟博士在他的院長就說過類似這樣的一句說話：「今天，教會的信仰問題不是別的，就只是教會論。」後來他在《時代論壇》的訪問上接着說：「今天教會的問題是她不知道自己相信甚麼。」梁家麟博士所講的是香港華人教會的境況。我們並不知道自己相信的是甚麼。然而這樣的事情又豈只是今天方才出現。

我……愚……愚拙地……傳講……傳講……愚愚……拙的福音

一

或許我們也會同意保羅的講法：這愚拙實在是上帝的智慧，但我們其實對此並無興趣。我們關心的，大概仍然是：這樣的上帝對我有甚麼好處？

我們的語言，就是我們的世界。作為基督徒，我們說怎麼樣的語言，我們就成了怎麼樣的基督徒。作為教會，我們說怎麼樣的語言，我們就成了怎麼樣的教會。

有神學院院長在就職禮說過類似這樣的一句說話：「今天，教會的信仰問題不是別的，就只是教會論。」後來他在一份教會報刊的訪問上接著說：「今天，教會的問題是她不知道自己相信甚麼。」這位神學院院長所講的是香港及華人教會的景況。我們並不知道自己相信的是甚麼。然而，這樣的事情又豈只是今天方才出現。

昔日的哥林多教會，看來跟今天的華人教會在這一點上十分相像，都不知道自己相信的是甚麼，否則保羅不會在哥林多前書花了頭四章的篇幅去講論這個看來十分顯淺的道理。可是，我們就是不明白，昔日的哥林多教會不懂得保羅傳的是十字架的福音，不懂得所信的也是十字架的福音。今日我們也是一樣，我們愈來愈不再宣講十字架的福音，也愈來愈不懂所信的也是十字架的福音。我們愈來愈像保羅所講的猶太人和希臘人。又或是我們仍然口裏宣講十字架，但心底裏卻完全是另一種想法，甚或在解釋上我們別有懷抱。

的確，我們以為十字架只是替罪羔羊的遭遇，十字架是愚拙的上帝的作為；因為上帝這樣做了，那麼我們就可以無罪一身輕，我們就可以忘記這十字架的福音。既然已經成就了那替罪的工作，既然我們都已領受了這替罪的好處，我們還有甚麼好去記得這十字架。或許，我們只會繼續追問，上帝還有甚麼好處要剩下來給我們呢？相信上帝還有甚麼好處呢？我們慶幸自己不用上十字架，因為有上帝的羔羊愚拙地替代了我們。

或許我們也會同意保羅的講法：這愚拙實在是上帝的智慧，但我們其實對此並無興趣。我們關心的，大概仍然是：這樣的上帝對我有甚麼好處？這個讓耶穌基督上十字架的上帝，還會給我甚麼好處？我們仍然會認同保羅的看法：十字架是上帝的大能。我們認同，因為十字架給我們替罪的好處。但我們並不就此滿足，我們仍然會像猶太人那樣，向上帝要神蹟，向上帝要那些能滿足自己欲求的好處。

這樣一來，十字架不再是我們生命的樣式，不再是我們生活的道路，而僅僅只是我們從上帝手裏獲取好處的途徑。於是我們繼續貫徹這種為自己尋求欲求好處的生命實踐，向上帝要神蹟。我們以為在十字架之外，我們還可以要神蹟，求智慧，我們以為可以同時既得十字架的好處，也得神蹟及智慧的好處，卻沒有想到魚與熊掌是不能兼得的。

二

保羅的說話我們並沒有聽進去，我們以為兩者可以兼得，是因為我們沒有把保羅所講的十字架聽進心坎裏去，我們沒有聽得清楚保羅愚拙的言語，我們沒有在保羅愚拙的言語中，聽得到他講的十字架，是跟猶太人要的神蹟與希臘人求的智慧不相容的。還是，我們聽不進保羅所講的十字架，乃是因為保羅的言詞太花巧、吸引，其修辭技巧足以吸引我們遠離他想要傳遞的十字架信息；保羅的言辭並不愚拙。

真是這樣子嗎？如果真是這樣，保羅就相當失敗，因為他自己就說：「我說的話、講的道，不是用智慧委婉的言語〔……〕」（林前二4上）這也倒過來反映出，我們大概就是保羅所批評的希臘人，只求智慧，卻拒絕愚拙，所以我們只讀得保羅的智慧，卻看不見他的愚拙。這一切都可能是真的，但若是真的，這只表示我們生命的浮淺，我們那種追求神蹟與智慧的生命，使我們對十字架的閱讀變得浮淺，根本沒有進入「神的愚拙總比人智慧，神的軟弱總比人強壯」（林前一25）的體會當中。

保羅清楚表明：「猶太人是要神蹟，希臘人是求智慧，我們卻是傳釘十字架的基督，在猶太人為絆腳石，在外邦人為愚拙〔……〕」（林前一22～23）這明明表示魚與熊掌不能兼得，但我們還是視而不見，我們喜歡炫耀上帝的神蹟和智慧。猶太人要神蹟，因為他們弱小，一直以來不斷被鄰國列強欺壓；猶太人要神蹟，因為他們是上帝的選民，要抬起頭來受人尊重；猶太人要神蹟，因為這樣可以再一次讓地上眾民看見猶太人的尊貴，他們是上帝的選民。神蹟，成了猶太人身分的證明。這裏涉及的是自我形象的問題。

而我們呢？我們想借用上帝的神蹟來做甚麼？無可置疑，我們很想借用上帝的神蹟來滿足我們自己的欲求。但這欲求又是甚麼？這欲求的根本又是甚麼？問題不只是欲求的對象，更是欲求本身。欲求是貪婪，欲求是佔有不屬於自己的東西，欲求是焚燒，把這不屬於自己的東西焚燒而吞噬好成為自己的一部分。最終，我們的欲求返歸自身，我們的欲求把一切在我以外的東西侵吞，所要滿足的乃是我們自己那種追求肯定與炫耀自己的生命。

說穿了，講得好一點，我們是狐假虎威，「看誰在我們背後撐腰？」「那行神蹟的上帝在我們背後撐腰，誰敢小覷我們？」講得不好，我們是任意妄為，根本只是利用上帝，目中不單無人，也無上帝，只有自己。我們要膨脹自己，我們要讓人家看見自己成功，我們要讓人家看見上帝也祝福我們，叫我們成功。然後我們就感到人生滿有意義。「我成功，所以我存在。」我們向上帝要神蹟，就是要自己成功，就是要自己存在。自我的肯定與炫耀的背後，其實是極度的自卑。正因為自卑，所以自大；只可惜，這種自卑並非在上帝的愚拙面前的自我謙卑，而是在一種欲求肯定和炫耀的虛妄生命的對照底下所產生的一種虛妄的低貶自我的意識。是以，在這種向上帝要神蹟的欲求的背後，不外是一種虛妄的自大與自卑的生命活動。

三

我們既是猶太人，也是希臘人。我們透過言語來尋找同樣的肯定與炫耀。我們懂得玩弄語言，我們學習演說的技巧，我們講求修辭，我們希望先聲奪人。我們就只是沒有去弄清楚，究竟我們要傳講的是甚麼。不，其實我們是知道我們要傳講的是甚麼，只是我們不知道上帝要我們傳講的是甚麼。我們心裏很明白我們要引人注目，卻忘記十字架才是上帝要我們所傳講的。誰人要聽這愚拙的十字架？

是的，誰要聆聽這愚拙的十字架？我們多麼渴望群眾的掌聲、歡呼、讚美，於是，我們傳講自己的口才、笑話、故事，我們販賣教會市場喜好的 Talk show （演講會），輕輕鬆鬆，消除疲勞，不用動腦筋，沒有需要面對自己殘破的生命，最好還有不需付代價的恩典、幫助，叫人生活和事業都成功順利。

是的，我們越來越多人喜歡 Talk show，於是我們美其名，引用保羅的說話：在甚麼人面前就做甚麼人，實行宣講變 Talk show，卻忘記保羅在這裏的說話：「我說的話、講的道，不是用智慧委婉的言語，〔……〕」（林前二4上）我們沒有給予上帝話語應有的尊重，因為我們早已經認為千萬不要得失台下的會眾，因為我們早已認定討好信徒不直斥他們的罪責是我們的使命，因為我們自己對信仰已經不大了了，因為我們自己的生命已陷入殘破不全卻又不以為然的景地。簡單來說，只有一句話，我們都墮落了。

當宣講成了 Talk show，我們炫耀的是自己，而不是見證那愚拙的十字架。愚拙的十字架只顯得自己愚拙，對自己有甚麼益處呢？於是我們像希臘人那樣求智慧，一種在口才上能炫耀自己的智慧。於是我們成了江湖術士，成了基督教裏靠著一張口甜舌滑的嘴巴混飯吃的江湖術士，甚或以退為進滿口宗教術語、虔誠謙卑的神棍。我們賣的是自己，而不是見證上帝愚拙的十字架，所以我們要用智慧的言語，因為我們並沒有保羅的掛慮：「免得基督的十字架落了空」（林前一17下）。

保羅這裏的掛慮，表明了一個十分重要的信息，就是所傳講的，決定了傳講的方法。所以保羅才說：「〔……〕並不用智慧的言語，免得基督的十字架落了空」（林前一17下）、「〔……〕並沒有用高言大智對你們宣傳上帝的奧祕」（林前二1下）、「我說的話、講的道，不是用智慧委婉的言語〔……〕」（林前二4上），但也因此保羅在哥林多教會受盡委屈、誤解。可是他還是堅持不用智慧的人修辭，而是讓聖靈自己工作，他只樸實無華地講述愚拙的十字架，既不討好，也不花巧。當十字架是愚拙的，保羅就愚拙地傳講。只有愚拙地傳講，我們才不是傳講自己，而是傳講十字架，讓人聽聞福音。

四

〔……〕其實我們並非不知道自己相信的是甚麼。我們實在太清楚了，清楚到路人皆見，見諸於實踐。我們的問題是迷失。我們把愚拙和智慧顛倒過來，我們把軟弱和能力顛倒過來。因此，我們竭力追求智慧和能力，就只是不會追隨十字架，因為十字架是愚拙的和軟弱的。

愚拙地傳講，事實上，只是忠誠地對待上帝愚拙的十字架。愚拙地傳講，固然不在於使用修辭漂亮的言語，但也並非隨隨便便馬馬虎虎地言說十字架，胡混過關，更不是不理好醜，只要能炫耀自己、吸引群眾，那怕是多麼低俗的、無聊的、小丑化的言語都可以出口。愚拙地傳講，是要尋找合適的言語去見證上帝愚拙的十字架，這合適的言語因為要指點人去認識愚拙的十字架，它就必須自己隱藏起來、退讓出來。這合適的語言絕對不是一種以自己的榮耀為目的語言，這合適的語言絕對不是引人注目自己的語言，這合適的語言絕對不是混淆視聽遮掩上帝的語言。

在這樣的了解底下，愚拙是宣講者應有的舉動，甚或是人的本分、上帝的形象。可不是嗎？十字架就是耶穌基督生命的展示：作為上帝的形象，祂豈不是向我們表明了人生命當有的樣式嗎？人是愚拙的，因為上帝也是愚拙的。可是，我們自以為聰明，於是自作聰明，要神蹟，做 Talk show，好叫自己感到滿足而以為得救了，好叫自己在掌聲中感到滿足而以為得救了。是以，我們都在自己拯救自己，因為上帝的十字架實在愚拙。

最後，回到在首前文那位神學院院長的問題，其實我們並非不知道自己相信的是甚麼。我們實在太清楚了，清楚到路人皆見，見諸於實踐。我們的問題是迷失。我們把愚拙和智慧顛倒過來，我們把軟弱和能力顛倒過來。因此，我們竭力追求智慧和能力，就只是不會追隨十字架，因為十字架是愚拙的和軟弱的。

如果我們真的這樣想，並因此而追求智慧和能力，那麼保羅的說話就成了我們的警告：「〔……〕十字架的道路，在那滅亡的人為愚拙〔……〕」（林前一18上）最終，我們都成了滅亡的人。

上帝藉使徒保羅所說：「弟兄們哪，可見你們蒙召的，按著肉體有智慧的不多，有能力的不多，有尊貴的也不多。上帝卻揀選了世上愚拙的，叫有智慧的羞愧；又揀選了世上軟弱的，叫那強壯的羞愧。上帝也揀選了世上卑賤的，被人厭惡的，以及那無有的，為要廢掉那有的，使一切有血氣的，在上帝面前一個也不能自誇。但你們得在基督耶穌裏是本乎上帝，上帝又使他成為我們的智慧、公義、聖潔、救贖。如經上所記：『誇口的，當指著主誇口。』」（林前一26～31）這是上帝的說話，阿們。

十字架的道理，在那灭亡的人为愚拙；[……]」（一18上）最后，我们都成了灭亡的人。

在结束的时候，请借取上帝藉使徒保罗所讲的一段说话：

> 弟兄们哪，可见你们蒙召的，按着肉体有智慧的不多，有能力的不多，有尊贵的也不多。上帝却拣选了世上愚拙的，叫有智慧的羞愧；又拣选了世上软弱的，叫那强壮的羞愧。上帝也拣选了世上卑贱的，被人厌恶的，以及那无有的，为要废掉那有的，使一切有血气的，在上帝面前一个也不能自夸。但你们得在基督耶稣里，是本乎上帝，上帝又使他成为我们的智慧、公义、圣洁、救赎。如经上所记：「夸口的，当指着主夸口。」（一26－31）

这是上主的说话，阿们。

200六年二月十二日

代跋代序

一九八九年的那一天。

作者任職「突破」時與同工合照，攝於一九八四年秋。

遊於
文字天地間

文本可以遮蔽，也可以開顯，

但遮蔽和開顯是因為文本的他者不斷的銘刻於文本所致的。

文本的他者就是延異。

文本不過是延異顯現其自己的痕迹。

當痕迹處處，那就表明作為延異的道無所不在⋯⋯

是一切現實痕迹得以可能的可能性自身。

簡單來說，專注就是遊於文本之內與文本之間的間隙，來回往復。這樣的遊，最終乃是神遊，經由專注的凝視。

然而，由專注的凝視所進入的神遊並非非時間的，反之，乃是時間距離展現的歷程。這一歷程，實即一自圓其說的歷程。由時間的距離而使自圓其說得以可能，但亦因時間的距離而使自圓其說永不可能完成。換句話說，自圓其說本來就是一個不得不進入卻又沒有止境的時間歷程。

自圓其說就是文本在凝視沉思之中開啟其自己的歷程。當意義不斷在間隙中生起，也就同時不斷生起新的間隙，意義與間隙，即落在輾轉相生的無窮無盡之中。這樣，文本的自圓其說不過是沒完沒了地解說其自己的解說，或以解說沒完沒了地增補其先前的解說，從而更圓滿地圓說其意義。

可是，當這一歷程乃是永無窮盡，自圓其說也就不能從圓滿的角度來了解。圓者，固然有圓滿之意，但也表明一種逸出後返回的動作。因此，自圓其說乃是文本之義不斷開展卻又回歸的圓圈運動。一旦有言，且得無言乎？文本即在這一開展與回歸的恆常動作中言說一切，而為玄之又玄，沒完沒了。

圓說

〔自圓其說（二）〕

自圓其說乃是

文本之義不斷開展卻又回歸的圓圈運動：……文本即在這一開展與回歸的恆常動作中言說一切，而為玄之又玄，沒完沒了。

望文生義，而有自圓其說。望文生義，可以是凝視文本而沉思而等候而傾聽。意義就在這一需要極度專注卻又必須保持距離底下生成。極度專注乃是生命全然的投入，念茲在茲，須臾不忘。保持距離乃是尊重對象，謙卑敬聽。由此，凝視之望乃包含期盼之望的意義在內。

時間的距離是意義生成不可或缺的條件。因為有了這一時間的距離，意義也就並非一現永現。換句話說，並無完全剔透玲瓏的文本，其意義清晰可見。文本與讀者之間的相異性，乃是使得意義具有時間距離的原因所在。當讀者投入且需等候相異的文本，時間的距離就出現了。凝視文本，期盼意義生成，並非靜態的。凝視是專注，可是這一專注乃對象之專注，一如期盼。但專注可以上天下地左迴右轉於文本字裏行間以及文本與文本之互相指涉之間隔。

義。知性之了解、理解之了解，在此也不過是隨義開展、衍生、轉化此一過程中的環節而已，本身並非最終目的。

「義義釐清而確定之」、「會而通之，得其系統之原委」，自有其價值。但至此又如何？至此即止於此就是僵化了，而為系統所困、原委所束，未能遊於文字天地間，生出層層意想不到的意義。望文生義，其實是一凝視沉思的動作，以及一自至深刻奧祕處輾轉生起意義的動作。

望文生義是感性的，是這感性在凝視沉思的動作中對那至深刻奧祕的感觸。這種感觸是生命的感受與觸動，當中，層層豐富多姿的意義就浮現出來，但這已經不是純知性和理性的，而是存在的（existential）。於此，知性的了解、理性的了解都不是目的，生命存在的呼應才是其所想往的。

牟宗三亦說：「理性之了解亦非只客觀了解而已，要能融納於生命中方為真實，且亦須有相應之生命為其基點。否則未能通解古人之語意而得其原委者也。」當越過客觀的了解，在凝視沉思文本中消溶這一切的限定，而讓文本自身的意義自圓其說地道出其自己，以及我們的生命。

圓說

〔自圓其說（一）〕

> 望文生義之感性了解，可以是自家生命之呈現表露，可以是靈光閃耀的爆破，並由此而切入文本，而順所開展之勢以成一自圓其說的閱讀。此亦是有益的。

牟宗三嘗言：「了解有感性之了解、有知性之了解、有理性之了解。仿佛一二，望文生義，曰感性之了解。義義釐清而確定之，曰知性之了解。會而通之，得其系統之原委，曰理性之了解。」由感性再至理性，步步而來，條理清晰。是耶？非耶？

實踐上卻不一定如此。望文生義之感性了解，可以是自家生命之呈現表露，可以是靈光閃耀的爆破，並由此而切入文本，而順所開展之勢以成一自圓其說的閱讀。此亦是有益的。其為自圓其說，有三義，一就自身之言說而言，二就其對文本之解讀而言，三就前兩者而言。

感性之了解，固然不一定都能滿足三義之自圓其說，但卻是不能避免的開端。望文生義，隨義開展、衍生、轉化，而至層層揭示文本所可能含蘊的意

是一個顯隱的活動；就其顯，故有言，就其隱，亦有言。只是顯與隱、隱與顯互不分離，而為一體之兩面，因而名言乃不斷自我冥化而為痕迹。

執著以有繫」，當遮撥而達王弼「得意忘象」之境界。此亦類於海德格後期哲學在存有（Being）一字之上劃交叉，表明未可執於字詞名言。於是，字詞名言乃成一痕迹；既不能沒有，亦不可執定，此亦可以「有」、「無」之間的關係來了解。

名言之有無，其實乃道自己道說其自己的方式。有即顯，無即隱。顯隱相繼不斷而成痕迹。道首先在名言中顯現又隱藏其自己。老子即用一連串正言若反的言詞來表達道在名言中的顯與隱：「吾不知其名，字之曰道，強為之名曰大。大曰逝，逝曰遠，遠曰反。」

是以，道之可名，乃在於其自己在名言中的顯隱。道之可名，乃在於其自己在名言中名言其自己。這樣的一種以顯隱為本性的名言，自然是非比尋常的名言。尋常的都只是開顯的名言，讓事物的本性在名言的呼喚底下現身，而可以為我們認識，跟我們打交道。然而，光只是開顯就會不知止，一往向前，而成衰敗之勢，故必須能反。

道之反，乃是一種自我退讓、隱蔽的舉動。道在名言中道說其自己既為開顯亦是隱蔽的舉動。這樣的名言就是非比尋常的名言。名言的活動就

名言

〔名可名非常名〕

尋常的都只是開顯的名言，讓事物的本性在名言的呼喚底下現身……道在名言中道說其自己既為開顯亦是隱蔽的舉動。這樣的名言就是非比尋常的名言。

名，是可名，還是不可名？一般的看法是，可名的就不是常名，不可名的就是常名。如牟宗三疏解王弼之《老子注》即說：「而惟有分限與定體者，始可得而道，始可得而名也。恆常不變之大道，既非指事，亦非造形，故不可道，不可名矣。」此種解釋，亦是十分早期維根斯坦式的。

然而，「不可名，而又強名之曰『道』」，何以可以如此？牟解釋：「則『道』之為名即『不可名』之名也。凡可名之名皆『定名』，不可名之名，則非定名。」此是進一步把名分為定名與非定名，從而分別對應非恆常不變之大道與恆常不變之大道。換句話說，這裏有兩種言說，言說兩種不同的道。

「不可名」之名、非定名，就如老子所說的「強為之名」，而「不可

「非常道」亦當另解，以與開顯意義之道相一致。

道，除了是自行開顯之道，其開顯自己的方式更非比尋常。即，道以非一般的方式道出其自己。這非一般的方式乃是表明道自身的獨特，有別於道以外的一切。道給出其自己的方式，同時是定義其自己之內容異於其以外的一切。如此一來，老子的「道可道非常道」，首先乃道自行以其獨特的方式開顯其自己的舉動。

道以何種獨特的方式開顯其自己而成非一般的道？老子說過：「反者，道之動。」道之動，即開顯道出自己的舉動，乃以反的方式進行。反的方式就是「弱」、「柔」、「虛」、「靜」、「沖」。只有以反的方式開顯自己，才能知止而非一往向前，才能返回自己而非失去自己。

只有道以自己的方式道出其自己，人才能言說道，道於此乃是可道的。然而，這可道卻非道隨人說，反之乃是人隨道說。人隨道說，就只有正言若反，曰「小」、「弱」、「虛」。如老子所言，「知其白，守其黑。」海德格的哲學性翻譯是：「那知其光亮者，將自己隱藏於黑暗之中。」

道以何種獨特的方式開顯其自己而成非一般的道？……只有以反的方式開顯自己，才能知止而非一往向前，才能返回自己而非失去自己。

可道

〔道可道非常道〕

道是可道的，這道絕非尋常之道；可道之道，絕非尋常之道。

道，是可道，還是不可道？一般的看法是，可道的就不是常道，不可道的就是常道。好像有兩種道，分別對應兩種言說。或是，有兩種言說的方式，分別言說兩種不同的道。這背後的思想很早期維根斯坦式（Wittgensteinian）：凡不能言說的，都在沉默中略過。當然，也有許多人這樣解釋老子的「道可道非常道」。事情真有這麼簡單嗎？可道與不可道真的是這樣一刀兩斷、互不相干嗎？為甚麼不能這樣閱讀：道是可道的，這道絕非尋常之道；可道之道，絕非尋常之道。反之，尋常之道，又是否不可道的？抑或，這根本不關乎人的言說。

道，除了是名詞，可以是動詞，但也可以是動名詞。動名詞的道自會自行道出自己，那麼，這就首先不關涉人的言說。道之自行開顯乃道之可道，正因其為一可以自行開顯之道，故乃非比尋常的道。或者，尚可再進一步，這

身所聲明的立場的未道出原則，它敗壞、瓦解論點，甚而使其本質淪為虛空，彷彿斷言主張的可能性早已受到質疑。」

這段文字是針對文本閱讀來講的。意思不難明白。洞見乃是來自不見。不見推動讀者離開原來的洞見。甚至瓦解、敗壞原來的洞見，從而使得邊緣化的不見顯現出來而成新的洞見。這裏洞見與不見形影不離，處於一不即不離的辯證關係。

不見其實只是隱蔽、邊緣化而已，是洞見之為洞見的不可缺的組成部分。不見是使得洞見成為洞見但也瓦解洞見免使之僵化的一種力量。這樣一來，不見乃恆常地為洞見的他者，它座落於洞見與洞見之間的罅縫，非概念所能掌握，因為不見根本不是概念。

閱讀乃是一種運動，但這種運動乃出於不見。這並非指因為讀者之無知而求知故有閱讀之舉動。這是說意義的出現是由於恆常的瓦解，而瓦解之所以可能則在於不見的運動。然而，不見總是以痕迹的方式在洞見之中掠過；它無所不在，是語言的他者。

不見

〔洞見與不見〕

不見推動讀者離開原來的洞見。甚至瓦解、敗壞原來的洞見，從而使得邊緣化的不見顯現出來而成新的洞見。

莊子在〈齊物論〉講過這樣的一句話：「庸詎知吾所謂知之非不知邪？庸詎知吾所謂不知之非知邪？」這裏面論及知與不知的關係。常人以為知就是知，不知就是不知。或者有進一步以為：「知若是不知，那麼原來就是不知了。不知若是知，那麼原來就是知了。」

可是，莊子的意思可並非如此。簡單地說，有所知即有所不知；有所不知即有所知。這也不難明白，而有趣的是，莊子可能有另一層次的意思想要表達，或者，我們可能在莊子這一句話中讀出另一層次的意思。這層意思是：知可以轉成不知，不知可以轉成知。甚麼意思呢？

德里達的美國同道保羅．德曼（Paul de Man, 1919～1983）有這樣的一段說話：「洞見反而似是得自那推動批評家思想的負面運動及引導其語言離開本

當痕迹處處，那就表明作為延異的道無所不在……

是一切現實痕迹得以可能的可能性自身。

如果我們考慮到這一差異並非靜態的，而恆為動態的，那麼，這樣的閱讀，就十分德里達式了。德里達說過：「〔……〕差異也許比存有更古老。也許還有一個比存有（Being）與存在物（beings）之間的差異更未被思考的差異。」這就是德里達著名的 *différance*：延異。

延異使得語言成為可能。可是這種「成為可能」並不是康德式的。康德式是不食人間煙火的超越，但德里達的卻是「和光同塵」。延異具體展現其自己於語言的運作之中，然後又藉著語言具體的痕迹隱去自己。文本的他者就是延異。文本不過是延異顯現其自己的痕迹。

顯現，是從無到有；冥化，是從有到無。從無到有，因而有痕迹；從有到無，留下的亦只是痕迹。當痕迹處處，那就表明作為延異的道無所不在，且深奧、難測、不透、無底……，是一切現實痕迹得以可能的可能性自身。是之謂玄。

延異

〔玄之又玄的延異〕

文本的他者就是延異。
文本不過是延異顯現
其自己的痕迹。

文本可以遮蔽，也可以開顯，但遮蔽和開顯是因為文本的他者不斷的銘刻於文本所致的。這樣說來好像很神祕，其實也可以很簡單。當然，簡單的也可以很深刻。簡單並非簡化。老子說的「有」、「無」是很簡單的，但卻十分深刻：「此兩者同出而異名。玄之又玄，眾妙之門。」

「玄」的意思是深刻。「玄」是黑色，黑色有深奧、難測、不透、無底等含意在內。愈是簡單的，包含的可能性就愈多。甚或可以進一步說，簡單就是可能性本身，是一切現實可能性得以可能的可能性。「玄」就是可能性。

老子說：「天下萬物生於有，有生於無。」從「無」到「有」是道的一面，另一面則是從「有」到「無」。可以如此理解，這樣的雙向活動，乃道的差異性表現。由道的這一差異性表現而有萬物，那麼，萬物即生於差異性。

然呈現、再現物事，恰恰就是把物事囚禁在文本之中；物事之意義、本質全在於對語言的掌握。這是未能認識語言自身的缺陷所致的。

語言本身就有一種自閉的性格傾向，因此德里達提出語言之外的他者。就是說，他者跟語言不是同質、同構的，不可以被同化，卻是他異的。「本文以外無一物」，就要換上另一種讀法、解釋。文本以外沒有一物是可以被語言呈現、再現的。若以為有這樣的物事，那只可能是語言自己的建構、造作而矣。

當然，「文本以外無一物」還可以有別的意思。文本固然不能與相異的他者等同起來，可是也不能說兩者毫無關係。文本以外的物事把自己銘刻在文本之上，亦即，文本以外的物事以痕迹的方式在語言中留下其印記，這樣，文本與文本以外的物事就存在著一種指向而非反映的關係。

「文本以外無一物」，這是因為文本以外的物事不斷在文本之上留下印記，因而使得文本恆常處於一敞開的狀態中，也同時使得我們必須透過這些銘刻於語言之上的痕迹去認識文本以外的物事。如此一來，在文本以外，如何可以認識文本以外的物事？

「文本以外無一物」，這是因為文本以外的物事不斷在文本之上留下印記，因而使得文本恆常處於一敞開的狀態中，也同時使得我們必須透過這些銘刻於語言之上的痕迹去認識文本以外的物事。

文本

〔文本以外無一物〕

虛無主義，始於人的主體的偏傾、造作。後現代哲學家如福柯（Michel Foucault, 1926～1984，或譯傅科）、德里達等人要揭穿的，正是這樣的一種思想，卻招來了虛無主義的標籤。對此，德里達在一次訪問中正面拒絕這樣的一種判斷，並指出解構的真意。

德里達這樣說：「我完全拒絕把虛無主義的標籤加諸於我和我的美國同事身上。解構並非自閉於虛無之中，反之乃是向他者敞開。」一直接明瞭，再也沒有比這更清楚的了。現代性哲學的精神乃主體高揚拔挺的表現，帶來同化、主宰他者的後果，才是真正的自閉於虛無之中。

「文本以外無一物」，許多人即據此而批評德里達為語言的囚禁者，殊不知，這些人正正才是自己批評的對象。當以為文本乃澄明的、通透的，可以全輕心，以為從此得道，或以為至少離得道不遠。可是，實情是，虛妄是無所不在的，只要有文字的地方就有虛妄的隱伏。

虛無主義，好像說的是一無所有、無所肯定，殊不知道，剛剛相反，虛無主義的出現，正正在於「有」、「肯定」。看來很吊詭，其實也沒有甚麼的，說穿了就很簡單。「有」、「肯定」是人心主觀欲望的要求。「為甚麼是有而非無呢？」海德格（Martin Heidegger）曾經這樣提過。

「有」是「存有」（Being），「無」是甚麼呢？「無」是「無本」。「存有」是人建構出來的，「無」才是事物的本來面目。如莊子所言「泰初有無」、老子所言「無名天地之始」。無是無所造作、無所建構，天然自成。無才是真實之所在，汲汲於以有為一切之根本，就是忘記了「有生於無」。

當有不過只是造作、建構出來的，其虛妄性不言而喻。「虛無主義」固然只是一堆人為的文字，而為虛妄、子烏虛有。另一方面，「虛無主義」底下的乃是「有」、「肯定」，以及相關的種種衍生，如「自我」、「精神」、「理性」，等等，同樣而為虛妄、子烏虛有。老子說：「道隱無名。」

虛妄

〔虛無主義的虛妄〕

何謂「虛無主義」？大概也是子烏虛有的吧，所以要用開引號和關引號括弧起來。這括弧起來的實踐，作用是虛懸起來，不要以為在「虛無主義」之外真有一種東西與之對應。括弧起來就表示「虛無主義」只是一堆人建構起來的符號、文字。假名而矣。

虛無主義為害之處就是以虛妄亂真實。魚目混珠是也。譬如說，上一段文字所講的，文字，假名而矣。可是，人卻容易執著文字，以為文字背後必有對應的實體，以為文字必然是反映、呈現其所對應的實體。此即為佛家所言的「文字障」。

禪宗即提出「以手指月，見指忘月」的警告。指頭並非月亮，以之為月亮，虛妄即生。這是明白不過的了，太顯淺了。但也因為太顯淺了，於是掉以

虛無主義為害之處就是以虛妄亂真實。

只要有文字的地方就有虛妄的隱伏。

此而已。為甚麼總要強求一外於破的立？有外於破的立嗎？若認為如此，則很可能對現代性餘情未了，藕斷絲連。

何以如此？理由很簡單，外於破的立乃一建構性的動作。依何建構？第一原則（first principle）總要首先被確立，那管是上帝、人、精神、實體、理性、物質，等等。這等超越時空的基礎正是現代性念茲在茲的確實性所在，卻是佛家除之而後快的對象。

道家亦不例外。「為學日益，為道日損。損之又損，以至於無為。」（老子・《道德經》第四十八章）無為而至無的境界，「無」難道必然是虛無嗎？損其實就是去除、否定，損就是破除造作。為學乃造作，建立知識乃造作，以為造作所得的知識乃是真相，那就再自欺也沒有了。難怪要絕聖去知。

損之外並沒有另一步驟益，反之，一切增益都是建立。損就如佛家的不增不減。增減是造作，損是對增減的否定、去除、但卻同時是真相的呈現、揭露。這樣，難道損之後的真相顯露，竟然是一片虛無嗎？如果真是這樣，則佛家道家堪稱中國式虛無主義了。

損是對增減的否定、去除、但卻同時是真相的呈現、揭露。

顯　正

〔破邪就是顯正〕

破的同時就是立，邪的否定同時就是正的肯定。

經常有這樣的一種論調，說後現代主義的本質乃是虛無主義。西方學術界如此，漢語學術界如此；非基督教學術界如此，基督教學術界如此。後現代有所謂本質的嗎？這大概只能從反面來說，較能理解，就是擁有共同的敵人，都是反本質主義，反普遍性，等等。

然後，反本質主義、反普遍性就被等同虛無主義。反就是破。佛家有所謂破邪顯正，破之後沒有另一個步驟叫立。破的同時就是立，邪的否定同時就是正的肯定。破甚麼？破一心之執著；執物執我，破一心之落於有無。破一切之執，是虛無主義嗎？

執於本質，執於普遍性，在佛家的眼中，正是現代性的毛病。事物本相如幻如化，那有超越時空不變的本質及普遍性。魔由心生，去魔正道即顯。如

自己」（赫拉克利特〔Heraclitus〕）。事物以痕迹的方式顯現復隱去，於是，人乃在知事物底下而不知事物，從而自知其不知。相對於現代性的可知，則後現代的可知乃為一種知不可知之可知。

然而，一旦人的認識能力發用，則隱即消褪而顯露出事物的本相。事物的顯、隱只在於人這邊的事，與事物自身的結構無關。

站在德里達的角度來看，則認為事物的顯、隱不純只是人這邊的事，更與事物自身的結構相干。並且，後者更有優先性；也就是說，後者決定前者以何種方式去認識後者。前者只能配合後者給出其自己的方式來認識後者。這樣，人的認識能力乃被動的而非主動的。

由於事物的顯、隱有優先性，人就要調校自己以對應其顯、隱。當然，若人不調校自己，縱使事物顯現於人來說仍是隱藏。但人若要認識事物，則必先調校自己以承接事物之顯現。於此，人仍有角色需要扮演，只是不若現代性那樣純是呈現性的。

在這裏，人不可以執定其對事物的認識，而落於非此即彼。事物自身的多樣性固然需要分別，但卻不能限定之、僵化之。事物並非鐵板一塊。現代性重視分別但卻採取彼此排斥的立場，後現代強調差異但卻倡議互補，由此而可見兩者之間既斷裂又連續的關係。

後現代式啟蒙，於此，乃是人自知其不知，這是因為「自然擅於隱藏其

不知

〔知不可知之可知〕

從後現代的角度來看，要談啟蒙，則啟蒙只是知道自己並不知道。如此而矣。

從後現代的角度來看，要談啟蒙，則啟蒙只是知道自己並不知道。如此而矣。「知之為知之，不知為不知，是知也。」（論語・為政）如果說現代性重視可知，那麼，後現代則強調不可知。這樣的對比當然粗淺，並且容易陷進非此即彼的思維格局之中。

或許應該採取、換上別的說法。事實上，後現代的哲學家，特別是不斷對哲學文本進行解構式閱讀的德里達（Jacques Derrida），就說過不可能一次過克服形而上學。這是說，重視理性之全然顯現的實在性的形而上學，不可能一勞永逸地獲得解決，只能不斷施以內部的解構。

或者，可以這樣了解現代跟後現代的差別，並且這種差別又不是全然斷裂式的，如下。現代性的立場以人為出發點，當事物不為人去認識，則為隱。

啟蒙並不啟蒙，因為
所知者僅為真相的一面。
也就五十步笑百步，
好不了多少。

於兩中選一，才是真相，就更為蒙蔽了。

若要說啟蒙，則啟蒙必須首先從這種片面的啟蒙觀解放出來。當然，這也指到要在一定的位分內保留知性邏輯的有效性，而非走回老路，全盤否定。黑格爾即透過揚棄的方式來處理這一問題，既重視分別、矛盾、對立，又強調統一、總體。

回到啟蒙的問題。現代性的遮蔽可能較諸於前現代性來得嚴重。為甚麼呢？理由很簡單，現代性中的啟蒙以為這是人一邊的事。如十八世紀著名德國哲學家康德（Immanuel Kant）：人既為自然立法，復為自由立法，自然王國與自由王國皆為人的理性所廓清，朗朗在目。

是耶？非耶？前現代卻保留一種域外的相異性、不為人所知的界限。於是，啟蒙就不可能只是人這邊的事。遮蔽的揭露、敞開，如林中空地，是遮蔽者、隱藏者自身的揭露、敞開，非人力所能及。光並非來自人的（視覺）理性，乃是來自事物自身的展現、湧發。這是後現代的起點。

啟　蒙

〔啟蒙的遮蔽〕

現代性追求解放，「啟蒙」一語在解放的語境出現，其意義就很不一樣了。「啟蒙為的是解放」或即「啟蒙本身就是解放」。前者以啟蒙為手段，後者以啟蒙為目的。解放，從怎麼樣的狀態底下被解放出來呢？這是問題之一。

從傳統的制肘、束縛中解放出來。這是通常、一般的說法。但這種解放帶有一種反過來否定、棄絕傳統的意味在內，解放成了反傳統，或者，解放包含反傳統的元素在內。這裏明顯地帶有知性邏輯的非此即彼式判斷。當「啟蒙」要在這一語境底下被了解，會得出怎樣的結果？

啟蒙並不啟蒙，因為所知者僅為真相的一面。也就五十步笑百步，好不了多少。不單如此，當以為所知的一面乃真相的全部，就成了以偏蓋全。而這正是荀子所批評的蔽於兩而不知一。蔽於兩的片面而不認識整體，以為僅只能

關鍵乃是，實在性究竟是如何面目？是人的知性邏輯可以把握的嗎？

抑或，它根本不是那麼簡單，而是有著更複雜的內容，並非「非此即彼」的思維方式能夠成事的。

兩，一旦兼兩，即 A 和 -A，就是自相矛盾。以這樣的邏輯規定事物，很自然就是片面的，以偏蓋全，不是 A 就是 -A。

不能兼兩，因為堅持 A 就是 A，-A 就是 -A，A 不能轉化成 -A，-A 不能轉化成 A。這明顯是一種靜態的邏輯，而非動態的。當 A 和 -A 不能互相過渡，那麼，它們就只能固守在其自身之內。一旦執著這一思想格式，一旦執著只能以這一思想格式看待事物，即成僵化。

知性邏輯追求的是一種不變、永恆的實在性（reality）。事物之為事物，即其本質，乃是不變的、永恆的。一切的變化、流轉都只不過是事物的偶然屬性，跟其本質竟毫無關係，而可排除出去，置諸不理。於是，一旦「人是理性的動物」成立，肉身即可任意妄為。

關鍵乃是，實在性究竟是如何面目？是人的知性邏輯可以把握的嗎？抑或，它根本不是那麼簡單，而是有著更複雜的內容，並非非此即彼的思維方式能夠成事的。這樣看來，逃避自相矛盾、持守非此即彼，很可以只是主觀追求不變、永恆的確定性的欲求，而不必然是事物的本相。

矛盾

〔逃避矛盾的欲望〕

在後現代的文化世界中，哪有惟一的讀法。這話何解？這樣反問，可不是尋求惟一的解釋。站在現代文化世界的角度，這下子的反問，很可能陷進自相矛盾之中。既說「哪有惟一的讀法」，又問此話何解，豈不表示有一確解？此即自相矛盾、自打嘴巴，否定了原來的說法。

然而，事情可不這麼簡單，以為可以就此罷休，終止討論。追問可以不息：為甚麼不可以自相矛盾？為甚麼思想要以此為標準：逃避自相矛盾？反面來說，是逃避自相矛盾；正面來說，是非此即彼。非此即彼，是現代文化奉行的知性邏輯。為甚麼要遵守非此即彼的知性邏輯來閱讀這個世界？

十九世紀的德國哲學家黑格爾（Georg W. F. Hegel）就這麼認為，知性邏輯是靜態和片面的。何解？知性邏輯只肯定 **A** 或 **-A**，二者任擇其一，不可兼

為首而成的欲望傳統？就是一種企向確定貶斥變化的欲望。真理只出於確定，意見則是變化的。

欲望的出現是因為欠缺。當現實變化莫測，不可執定，也就缺乏了確定、穩當，難以掌握、控制的不安感受油然而生。追求安頓，可以是一種主觀的欲求，底子裏乃是一種掌握、控制的主宰情識。安心，不過是安頓一己主宰欲求的情識之心。

如此一來，追求安頓，尋求安心，這中間不一定存在甚麼追求真理的偉大理想。即或存在，也很可只是幻像，或是一襲面紗，以遮掩底下追求確定和穩當的情識欲求，合法化一切外在掌握、控制和主宰行動。一切都可以是主體的妄念，不覺起念，逐有所執。

執念一起，亦必然到底。執物執我，以至執著文字。要求一切的文字，只有惟一的讀法，那麼，文字就成了障礙，結果陷於自身，情識欲求所幻化的虛妄中，喪身失命。此即應了「死讀書、讀死書、讀書死」，並不悲乎？這樣說來，現代文化追求確定性的欲望。豈非一大原罪？

要求一切的文字，只有惟一的讀法，那麼，文字就成了障礙，結果陷於自身情識欲求所幻化的虛妄中，喪身失命。

確　定

〔追求確定的欲望〕

在後現代的文化世界中，哪有惟一的讀法。這樣明白的宣稱，可能觸發某些基督徒的敏感神經，以為這是放棄了絕對真理，一切變得相對的了。滋事體大，這還是要看你如何解讀這篇文章的頭一句話，以及怎樣理解「絕對真理」，等等。

經過現代文化的洗禮，「確定性」成了根深蒂固的思想指導、標準，因而對一切的不確定性，都有所猶疑、顧忌，甚至否定、拒斥。換上中國哲學式述語，就更是迷思，如「安頓」、「安立」、「安心」，透過自家熟悉的話語表達，更多了一層理所當然的確實感覺。

這種反應很值得細心思量。為甚麼我們會喜愛，甚至迷戀確定性，以之為安身立命的所在？會不會這其實只是一種欲望？一種來自古希臘以柏拉圖

文本以外的物事以痕迹的方式在語言中留下其印記，
這樣，文本與文本以外的物事就存在著一種指向而非反映的關係。
文本以外的物事不斷在文本之上留下印記，
因而使得文本恆常處於一敞開的狀態中，
也同時使得我們必須透過這些銘刻於語言之上的痕迹去認識文本以外的物事。
……
至此即止於此
就是僵化了，而為系統所困、原委所束，
未能遊於文字天地間，生出層層意想不到的意義。

遊於文字天地間

二十一世紀是一個多向文本與虛擬真實的時代，
印刷媒體跟文字面臨邊緣化甚或被取代的危機。
身為文字工作者，我們有需要考察印刷媒體跟文字的存在價值……
我們更需要從人性與文化建設的角度來思考這一影響深遠的問題，
重新為印刷媒體和文字在電子出版及數位影像的時代作出恰當的定位。
文字工作者若無此番醒覺，則只有坐以待斃，自然消亡。

文字
在這裏沉思

[八] Featherstone and Burrows, "Culture of Technological Embodiment," p. 6.

[九] 李家沂：〈《Techne 98 β：科幻・網絡》專輯弁言〉，《中外文學》，第二十六卷，第十一期（1998），頁7。

[十] 李家沂：〈《Techne 98 β：科幻・網絡》專輯弁言〉，頁9。

[一一] David Tomas, "Feedback and Cybernetics," in *Cyberspace/Cyberbodies/Cyberpunk*, p. 28.

[一二] 引自 Robins, "Cyberspace and the World We Live in," p. 135。

[一三] Robins, "Cyberspace and the World We Live in," p. 136.

[一四] 瑪格麗特・魏特罕〔Margaret Wertheim〕：《空間地圖》〔*The Pearly Gates of Cyberspace*〕，薛絢譯（台北：商務印書館，1999），頁181～182。

[一五] 魏特罕：《空間地圖》，頁182。

[一六] 魏特罕：《空間地圖》，頁184。

[一七] 魏特罕：《空間地圖》，頁184。

[一八] 魏特罕：《空間地圖》，頁222。

[一九] 引自陳榮灼：〈《周易》重建與智測現象學〉，《中西哲學的會面與對話》，江日新編（台北：文津出版社，1994），頁86。

[二十] 陳榮灼：〈《周易》重建與智測現象學〉，頁87。

[二一] 魏特罕：《空間地圖》，頁222。

[二二] 魏特罕：《空間地圖》，頁220。

[二三] 魏特罕：《空間地圖》，頁222～223。

[二四] 魏特罕：《空間地圖》，頁220。

[二五] 魏特罕：《空間地圖》，頁220。

[二六] 引自 Graham R. Houston, *Virtual Morality* (Leicester: Apollos, 1998), p. 96。

[二七] Houston, *Virtual Morality*, p. 96.

[二八] 魏特罕：《空間地圖》，頁182。

[二九] 引自 Groothuis, *The Soul in Cyberspace*, p. 31。

[三十] 魏特罕：《空間地圖》，頁253。

德格（Douglas Groothuis）的（*The Soul in Cyberspace*）和侯斯頓（Graham R. Houston）的（*Virtual Morality: Christian Ethics in the Computer Age*），因此實在是一個非常前線和尖端的研究領域，有待開拓。就此而言，我能說些甚麼呢？或許，在二十一之初，我們需要的是關掉電腦，安靜，等候，聆聽，那真正的言語——道——上帝的聖言。

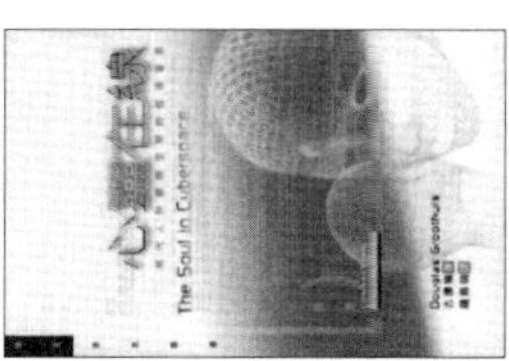

The Soul in Cyberspace
中譯參：古德格：《心靈在線——現代人於網際空間的信仰省思》，羅燕明譯（香港：基道出版社，2005）。

[一] 本部分之參考書籍包括：Mike Featherstone and Roger Burrows, eds., Cyberspace/Cyberbodies/Cyberpunk (London: Sage, 1995)；Douglas Groothuis, The Soul in Cyberspace (Grand Rapids: Baker, 1997)；Steve G. Jones, ed., Virtual Culture (London: Sage, 1997)；David Lochhead, Shifting Realities (Geneva: WCC, 1997)；Kevin Robins, Into the Image (London: Routledge, 1996)；馬克．史洛卡〔Mark Slouka〕：《虛擬入侵》〔War of the Worlds〕，張義東譯（台北：遠流出版社，1998）；鄭明萱：《多向文本》（台北：揚智文化，1997）；嚴峰、卜衛：《生活在網絡中》（北京：中國人民大學出版社，1997）；李河：《得樂園．失樂園》（北京：中國人民大學出版社，1997）。

[二] Kevin Robins, "Cyberspace and the World We Live in," in *Cyberspace/Cyberbodies/Cyberpunk*, p. 135.

[三] 馬克．斯勞卡〔Mark Slouka〕：《大衝突》〔*War of the Worlds*〕，黃錦堅譯（南昌：江西教育出版社，1999），頁212。

[四] Mike Featherstone and Roger Burrows, "Culture of Technological Embodiment," in *Cyberspace/Cyberbodies/Cyberpunk*, p. 5.

[五] 斯勞卡：《大衝突》，頁215～216，文字稍有更改。

[六] Featherstone and Burrows, "Culture of Technological Embodiment," p. 7.

[七] Deborah Lupton, "The Embodied Computer/User," in *Cyberspace/Cyberbodies/Cyberpunk*, p. 110.

三

德國哲學家黑格爾（Georg W. F. Hegel, 1770～1831）認為哲學作為反思的科學，想要掌握時代的脈搏，永遠如希臘智慧女神雅典娜（Athena）肩上的貓頭鷹，來得太遲。神學的反思又如何？一方面，就對 cyberspace 及 virtual reality 的了解而言，我們仍在起步階段，如魏特罕所言：

網路空間〔……〕可能大大改變我們對於真實的認知。新的空間會帶來甚麼驟變？它會導致怎樣的認知改變？我們的自我定位又會受到何種影響？我們此時的處境其實很像十六世紀的歐洲人，那時候他們才開始意識到，他們原先所知的真實以外還有星系空間的存在。我現在要回答這些問題都嫌太早了。我們和哥白尼（Nicolaus Copernicus, 1473～1543）一樣有幸經歷新空間的誕生。至於後代史書將如何記述它，只有後代的人知道了。[三十]

另一方面，就對 cyberspace 及 virtual reality 的神學反思而言，所見者僅古

（Four Causes）中的質料因（material cause），為事物成為事物所不能或缺的。因此，雖則真實的物質世界不能跟虛擬實境等同起來，並且在價值和理想意義上可以不及後者來得真實，但前者卻肯定不是衍生的，較諸後者更具有首出性。若就此再進一步而言，謂虛擬實境必依於真實的世界，那麼，虛擬實在就不可能取替現實的世界，其所起的作用頂多是轉過來促使現實世界進行轉化和改造，以更接近理想之世界。因此，要想完全脫離物質世界是不可能的，即使 cyberspace 中的虛擬實境是非物質的，其出現卻是以物質和科技為前提。

研究 cyberspace 的哲學家海姆說：「虛擬世界之為虛擬，只在於我們能以之跟真正〔可以安頓〕的世界對比。」[二九] 這也就是說，虛擬世界並非真正可以安頓的地方；它雖因其更高的價值性和理想性而具有無比的吸引力，但卻仍是子虛烏有；更高的價值與理想只有在現實世界中落實才有真實的意義，否則，一切皆為虛空。

可是，烏托邦雖為子虛烏有，但其吸引人的地方乃在於它在「價值」上是真實的、值得追求的。或甚至應該這樣說，烏托邦之為烏托邦，乃在於其為一理想國，是現實世界所不及的；是以，就其理想性而言，烏托邦較現實世界更具價值，由此更具價值而可以說更為真實。以此來了解 cyberspace 之 nowhere-somewhere 之特性，則可有更深的思考。即 cyberspace 的吸引性乃建基於現實世界的不圓滿，其所提供的虛擬實境，乃為滿足由現實世界之不圓滿所生起的欠缺跟遺憾。如此一來，cyberspace 中的 virtual reality 乃具有替代現實世界的功能，為想像力借助電腦科技的極致發展和落實。這一虛擬實境並不存在於現實世界，故為 nowhere；卻存於 cyberspace 中，故為 somewhere；但此一 nowhere-somewhere 的世界，卻又是圓滿性於 cyberspace 中的實現。

Cyberspace 及 virtual reality 之所以可能出現，不能忽略其科技物質基礎。這也是其跟真實的物質世界不能截然分割、超絕現實世界的另一面相。如魏特罕上引所言：「網路空間其實是物理學的科技副產品。」〔二八〕沒有矽晶片、光纖、液晶顯示幕、電子通訊衛星等，cyberspace 及 virtual reality 根本不可能出現，這些都是其物質及科技的基礎，有如亞里士多德（Aristotle）「四因說」

亞里士多德著名的「四因說」，即質料因、形式因、動力因和目的因。

海姆：《從界面到網絡空間》，金吾倫、劉鋼譯（上海：上海教育出版社，2000）；《虛擬實在的形而上學》（香港：牛津大學出版社，1993）。

根本是數學的」，[二四]「網路靈魂的『真正』歸宿不是形體的那一堆『肉』，而是數位資料的世界。〔……〕網路空間扮演起以前屬於畢氏學說數字神祇的神聖空間角色」。[二五]

然而，在 cyberspace 中的 virtual reality 卻跟真實的物質世界藕斷絲連。在畢達哥拉斯學派的哲學中，數是存有論地先於物質世界的，數字的神祇世界乃超絕於現實世界。可是，在 cyberspace 中出現的 virtual reality 卻是以現實的物質世界為再現、重構或創造的底本、根據，而並非無中生有。當然，正如海姆（Michael Heim）所言：「Cyberspace 可引發想像，但並非重複世界。」[二六] Virtual reality 吸引人的地方並非在於重現現實的一切，而在於轉化、改造現實。這樣，虛擬世界就不能完全脫離現實世界。然而，前者亦非後者於 cyberspace 中的翻版；前者之為「虛擬」，乃在於跟「現實」世界比較而得出。[二七] 從此一角度而言，虛擬世界並不是完全超絕的，藉著數位技術，在 cyberspace 中把現實世界完美化及圓滿化表現出來，即在 cyberspace 建立一烏托邦，既為烏托邦，即為子虛烏有，因為並無一外在的實在與之一一對應，故為「虛擬」。

虛擬世界之為虛擬，只在於我們能以之跟真正可以安頓的世界對比。

過現代電腦技術而於 cyberspace 中重建現實世界。魏特罕就說：「數位模擬的本意就已經假定：跳躍的數字可以捕捉形體。這正是虛擬實境的本質。」[二一] Cyberspace 中的一切全是存在於電腦記憶體之中的 0 與 1 的組合，「極簡單卻又無限多變的 0 與 1 的組合，是網路空間一切架構的根本」，[二二]「網路中的形體全是數字構成的，是不折不扣的『非實在』。」[二三]

值得注意的是，此一以數字為萬物的本質的立場，基本上隱含一高抬抽象低貶具體的預設在內，即以抽象之數為萬物之實在，至於構成萬物的具體有限性則予以剔除。這就傾向回歸希臘哲學那種肉體乃靈魂的桎梏的學說。希臘哲學中的畢達哥拉斯和柏拉圖（Plato）都認定物質世界並非真正的實在，人的靈魂必須脫離肉身，方才得以自由。在畢達哥拉斯來說，靈魂的真正歸宿是數字的神祇世界；柏拉圖則以不為肉眼所見但可以靈視的理型世界（world of ideas）為真實之所在。這樣的看法乃在於他們認為靈魂是非物質的，畢達哥拉斯甚至認為靈魂基本上是數學的。那麼，當代迷醉於 cyberspace 的學者，認為人的心智可以下載到電腦，以 0 與 1 表達，其立場跟畢達哥拉斯一樣，「相信人的抽象存在是可以用數字代表的，網路靈魂和畢氏哲學的靈魂一樣，其終極

二

我們還是扣緊 nowhere-somewhere 的烏托邦來講述和批評 cyberspace 吧。

Cyberspace 基本上乃人類藉著科技想要實現的理想世界。然而，必須指出，此空間雖然跟現實世界同樣真實，但卻是一個以數位形式重構或創造的世界，換句話說，數位化是此一空間的基礎，而數字即為其本質。魏特罕就此而以之跟古希臘哲學家畢達哥拉斯（Pythagoras）的哲學作出比較。「在畢達哥拉斯眼中，數字不但是神聖的基礎，也是物質界的原型。」[二八]德國現象學家（phenomenologist）貝克（Oskar Becker）表示畢氏學派的本來立場是主張「萬物的本質可以回溯至『數』——於數上可規定之定律。」[二九]又說：「『數』所意謂者至多好像一決定的、於算術上可描述的結構，它在萬物中潛隱著且確定其各各之本質。」[三十]畢達哥拉斯及其學派雖未明說，但卻隱含如下觀點：數可抽離萬物之本身，數字乃形體的抽象本質。此一觀點要到伽里略（Galileo Galilei, 1564～1642）方才明白宣示，數乃離開自然而外在地「抽象」而生，因而可以離開自然而了解，從而反過來把自然客體化，由此進而可以透

附帶產物。若沒有物理學，網路空間不可能存在。縱然如此，網路空間卻不隸屬純粹物理主義的觀念管轄。[一五]

因此，魏特罕說：「不能因為它不是物質實體就說它不真實，網路空間雖然欠缺物質性，卻是一個真實的所在。」[二六]「例如我『走入』網路空間之時，我的身體還坐在椅子上，而『我』——至少某一部分的我——已經被輸送到另一個地方去了，我到了那兒之後，也很清楚那個地方的邏輯和地勢格局。那種地勢格局當然完全不同於我在物質實有世界的任何經驗，但不會因此而稍減其真實性。」[二七]

問題是，甚麼才是真實、實在？或甚麼才是終極真實、實在（ultimate reality）？這樣的提問並非針對 cyberspace 的存在，而是其作為現實世界以外的虛擬世界，是否具有任何的終極性？是真正的真實（the really real），一個新的和另類的實在，還是徹頭徹尾乃一虛妄的假相，跟現實世界同樣需要拯救？

可參貝瑞・薛曼〔Barrie Sherman〕、菲爾・傑金斯〔Phil Judkins〕：《模擬真實》〔*Glimpses of Heaven, Visions of Hell*〕，金祖詠譯（台北：時報文化，1995）。

現實世界以外的虛擬世界，是否具有任何的終極性？是真正的真實，一個新的和另類的實在，還是徹頭徹尾乃一虛妄的假相，跟現實世界同樣需要拯救？

仙境。所謂空、無，乃指此空間所呈現的境況並非現實世界；所謂滿、有，乃指此空間所建構的一切的的確確為大腦的意識活動所接觸。故此，virtual reality 一詞最能表達其特性，既為虛擬，又為實境，如薛曼（Barrie Sherman）和傑金斯（Phil Judkins）即言：virtual reality 真的乃神蹟與夢想的科技，[一二] 可以創天造地，實現人扮演上帝的心願。他們表示此乃二十一世紀的希望所在。[一三]

魏特罕（Margaret Wertheim）下面的兩段文字，可以讓我們更清楚了解 cyberspace 的特性。

網絡空間不是物理學的粒子與力組成的，而是位元（bit）和位元組（byte）組成的。〔……〕由於網路空間的存在並不源於物理現象，不聽命於物理學的定律，所以不受這些定律的局限。[一四]

網路空間其實是物理學的科技副產品。矽晶片、光纖、液晶顯示幕、電子通訊衛星，甚至網際網路使用的電力，無一不是這門最具數學性的科學的

吉布森（William F. Gibson, 1948～）是美國出生的科幻小說家，創出 cyberspace 這字彙，據說啟發了 *The Matrix* 系列電影的創作。其小說中譯參《阿伊朵》〔*Idoru*〕，李家沂、曹志漣譯（台北：開元書印，2006）。

Cyberspace 一詞的中譯大概有下列數種：傳動空間、傳控空間、制動空間、制控空間、數控空間。可以看出這些譯名均能適切掌握住 cybernet 這個字根原有的掌控導航之意，並涵涉資訊的流動或者數位性質，較之早期的譯名如「電腦網絡空間」，可說精緻準確許多。我這兒所用的「塞薄／爆域」〔……〕不過只是對 cyberspace 的觀察有感，希望能更適切表達出這個空間相對於主體存在，所可能啟動的心理機制。這種薄／爆、空／滿的依存辯證，或許也是 cyberspace 能召喚當代主體的魅力所在。[十]

這段文字透露了兩個信息。首先，在理論上 cyberspace 是以 cybernetics為根基的。Cybernetics 乃一整合性的科學，揉合通訊理論、控制理論和統計機械學，[二二] 其背後的理論趣向（theoretical interest）乃一操控「實在」（reality）的心態。因此，cyberspace 就是一模塑甚或創造的空間，由此模塑或創造而更徹底地實現操控的欲望。其次，作者以薄／爆、空／滿的依存辯證來說明 cyberspace 的特性，可謂別出心裁，跟前述羅賓斯的 nowhere-somewhere 異曲同工，顯示出 cyberspace 那種誘人魅力之所在，如「無為有處有還無」的虛幻遠。[四] 是以，乃有多元媒體系統的出現以營造更先進形式的 cyberspace，達致更現場式的互動，如 virtual reality。

Virtual reality 乃「許多人期待已久的、完全感性化的、『適於居住的』、『全包圍的』某種環境。只要我們將自己與電腦連在一起，就能進入這樣一個環境」。[五] 透過耳機、眼罩、資據手套和資據衣服，就可進入電腦所塑造的擬真環境。再進一步，則有吉布森所言的 cyberspace，後稱為「吉布森式 cyberspace」（Gibsonian cyberspace），本質上乃互聯網（internet）跟 VR 系統的想像合成，是電腦資訊網絡的母體，[六] 又稱為 matrix，此字源出拉丁文 *mater*，意即母親和子宮，[七] 為一切資訊的根源場所，人一旦進入這一空間，即可來去自如地交流信息；不單可以跟代表人的可以亂真的圖像互動，使人有如置身於現實世界一般，並且能與空間中的「智能」實體交往。[八] 雖然吉布森式 cyberspace 的技術尚在發展中，但卻是可以預期實現的。

Cyberspace 跟 virtual reality 均不好翻譯，當中涉及對兩者本質的了解；翻譯作為一種解釋，也頗能幫助我們了解這兩者的某些本質或特性。譬如說，台灣的李家沂就把 cyberspace 譯成「塞薄／爆域」，[九] 並且，他進一步解釋道：

美國詩人、文化評論家巴洛（John Perry Barlow, 1947～）是 Electronic Frontier Foundation 創始人之一，一九九六年曾發表題為〈網絡獨立宣言〉（“A Declaration of the Independence of Cyberspace”）的文章。

可圈可點，妙到毫顛。亦無亦有，看似矛盾，卻正正是cyberspace的特性所在，似有還無，似無還有。這就涉及幾個問題：cyberspace究竟是一個怎樣的空間？其性質如何？此一空間所建立的「實在」(reality)，又是怎樣的？

先引幾段解釋，其一涉及cyberspace，另一涉及virtual reality。先說cyberspace：

> 不是一個標準的三維空間，而是一種比喻說法，一個象徵性的「地方」。我們可以「居住」在那裏，但不是我們的肉身真的出現在那個「空間」裏。其實電話就是一個明顯的、雖然有些原始的例子。當我們打電話時，我們和電話裏頭的說話者在某種象徵性的空間裏會面。我們互相交談，分享信息、情感和其他東西，但我們的身體並沒有在某個地方相遇。[三]

斯勞卡(Mark Slouka)在這裏所舉的例子，按費特史敦(Mike Featherstone)和鮑勞士(Roger Burrows)的分析，屬「巴洛式cyberspace」(Barlowian cyberspace)，此一空間只容許很有限度的感官參與溝通，跟面對面的共在式互動相差甚

五

二十一世紀是一個多向文本與虛擬真實的時代，印刷媒體跟文字面臨邊緣化甚或被取代的危機。身為文字工作者，我們有需要考察印刷媒體跟文字的存在價值，而這絕不能單以市場反應為依歸。我們更需要從人性與文化建設的角度來思考這一影響深遠的問題，重新為印刷媒體和文字在電子出版及數位影像的時代作出恰當的定位。文字工作者若無此番醒覺，則只有坐以待斃，自然消亡。

第二部

一

Cyberspace 究竟是一個怎樣的空間？其性質如何？此一空間所建立的「實在」，又是怎樣的？

如果二十一世紀乃 cyberspace 的世代，那麼，對許多人來說，這就是烏托邦（utopia）。烏托邦既是烏有之鄉（outopia），又是某處好地方（eutopi），因此羅賓斯（Kevin Robins）就說，cyberspace 乃同樣的 nowhere-somewhere。[二] 這樣的形容真是

棄文字。因為文字所建構的世界不管多麼完美，始終不如虛擬的世界那麼「真實」，可以為我的身體和感官所接觸得到。因此，相對而言，人類留駐文字世界的能力並不長久，對虛擬世界卻可以流連忘返。

這裏即涉及文字的本質。文字所再現或創造的真實究竟是一種怎樣的真實？它對應著人性的甚麼機能？概念的世界和想像的世界？對應的是人的知性思維和想像能力？如果是這樣的話，那麼，文字就成為中介，它若缺乏人的知性與想像的參與，就不能再現或創造真實。於是，這個再現或創造的真實就是間接的。反之，掌握虛擬的世界是直接的，因為它訴諸我們的感官，正如我們日常生活所接觸的世界，首先也是透過感官來掌握、辨析和交流的，而知性想像往往是後起的。更重要的是，人在這裏已經無須動用知性和想像去再現或創造真實，因為電腦技術已經代勞，成就這一切。我們只要張開感官之網，就可安然入住這一虛擬的真實之中。

文字在這一虛擬的世界還有甚麼地位呢？

全身體；人進入的是一個文字不能具體再現的可感世界，縱然那是一個虛擬的可感世界。

由此，文字就喪失其主導地位。不單印刷媒體喪失主導地位，文字本身的存在價值也受到前所未有的挑戰。數位技術跟其他電腦技術如回饋系統、神經值入等配合起來，其所起作用將是劃時代的、革命性的，因為即使在文字流行的時代已出現了影像聲音的創造和傳遞的技術，以圖再現與創造真實，可是相較於電腦生成的技術能力而言，顯然是不可比擬的。前者的再現和創造仍只是平面和單向的，而非立體且隨著閱讀主體角度的轉變而被認知，後者卻是互動的，即人與虛擬真實處於雙向的關係。若以文字和電影為文本，那麼，這些文本跟讀者之間仍因物質的阻隔而未能輕易讓文本與讀者打成一片，讀者需要很強的參與才能進入文本的世界，然而，進入虛擬世界卻不需要太費工夫，這正是其引人入勝的地方。

再說，虛擬世界雖然只存在於網絡空間，除此之外，它跟現實世界其實並無兩樣。而虛擬世界吸引人的地方，正在於它可按人的期望而被創造，換句話說，主觀上的虛擬至少比現實世界更吸引，更值得留駐。這就更使人摒

出單向的線性思維和多向的網絡思維，而這是跟文化的單一性與多元性關係密切的話，那麼，在同時肯定這兩者的大前提下，就有必要進深探索兩者的有效區域及相互的關係。

四

數位技術不單可以把文字數位化，同時可把圖像和聲音數位化，這樣一來，許多原來以文字方式傳遞和接收的信息，都可以轉換成圖像和聲音來傳送接收。數位技術配合其他電腦技術，進一步即開展出 cyberspace（多譯作網際空間、網絡空間、電腦空間等）和 virtual reality（多譯為虛擬實在、虛擬真實等），這才是真正需要注意的二十一世紀的文化。

撇開電腦技術的細節不談，重要的是我們今天已經可以在電腦中再現現實，甚至創造現實——當然是虛擬的——這一事實。這樣，文字的作用又在哪裏呢？無疑，文字同樣以再現或創造真實為其功能，可是，相較之下，卻不及虛擬現實來得那麼「真實」。進入虛擬真實的不再純是眼目，而是全感官、

這裏即涉及文字的本質。文字所再現或創造的真實究竟是一種怎樣的真實？……文字……若缺乏人的知性與想像的參與，就不能再現或創造真實。於是，這個再現或創造的真實就是間接的。反之，掌握虛擬的世界是直接的……

物質性而造成阻隔，只要利用滑鼠即可進行跨文本的閱讀。

這是一種開放式的多重閱讀，不再局限於單一文本之中，而可以在無數文本之間來回往返。如此一來，讀者的思維就不會封閉於單一文本之中，形成單向的思維，卻可以透過滑鼠對文本中的觀念同時進行跨文本的追查考究，對其主題論述進行跨文本的排比分析。換句話說，他的思想不再受制於紙張文字的閱讀空間，而是多重的。因此，他的視角也不會是單一的，而是多重的；不會是片面的，而是立體的。這就擺脫了線性思維的主宰，進入多元局面，讓人的創造力得以解放。

然而，多向文本果真有百利而無一害？單一文本的閱讀又是否真的萬惡不赦？抑或兩者皆各自有其有效的範圍，並不可以互相取代？再進一步言，兩者是否存在著一種彼此批判的關係，以致限制獨斷坐大，而能對人類的文化生活作出不同的貢獻？

具體而言，線性思維跟網絡思維是否互相排斥，不能並存？若否，則在何意義下兩者可以並存不悖？進一步言，這兩種不同的思維方式建構著怎樣的人性？怎樣的文化世界？如果我們同意印刷媒體與數位媒體的確分別塑造

設計進行閱讀時並不十分方便，翻來覆去不很鼓勵閱讀。再者，一切資料仍局限在此一書籍之內，未能涉及此書以外的其他文本；即使附上其他參考書目，但既不能即時翻查，則會強化挫折感，又非窮盡，難免片面不全，則會強化既有的觀點。

這一切限制在數位媒介及互聯網都得到解決，因為那不再是線性的世界，而是網絡的世界，正好對應著現代與後現代的特性：基礎與網絡。線性閱讀、思維是基礎性的，意即因著印製紙張的組合性質，閱讀和思維就得有個起點，並循此前進。網絡世界中的閱讀卻是網絡性的，不再是單向的事，而是多向文本（hypertext），可以隨時進入隨時離開，文本與文本之間再沒有因紙張的

多向文本果真有百利而無一害？單一文本的閱讀又是否真的萬惡不赦？抑或兩者皆各自有其有效的範圍，並不可以互相取代？

現。其次是非文字的形象進佔文字影像的領域，把文字邊緣化。文字固然可以被數位化，但圖像、聲音同樣可以被數位化。

印刷媒體、紙上文字在後現代被人詬病的主要原因乃在其線性閱讀及造成的線性思維的特性。無論是雜誌或書籍，基本上都是順著頁數的先後次序來閱讀的，雖然有時我們會採取跳讀的方式，但印刷媒體本身的先天結構已限制了這方式的閱讀。我們總不能把書籍經常翻來覆去，因為這並非原來設計的目的。結果，我們只能一頁一頁的翻看，這就是線性的閱讀。以線性閱讀為主自然塑造出線性的思維。線性思維是單向的，或至少不能同時採取多角度進行立體思考。是以，線性思維也往往是平面和單一的。而先入為主的心理更容易造成單一觀點的執著，從而排斥其他另類的看法。因此，線性思維即具有霸權之性格。

無疑，越來越多書籍的設計嘗試跳出這一線性閱讀的限制，從目錄、註腳、紙邊指標、索引、書目，甚至閱讀指引，都企圖讓讀者不必從起點開始而可以中間插入，不必然連續不斷而可以中途跳讀。然而，這些設計因為仍然內在於一本書的硬體，所以仍然受制於書籍的先天結構。首先，讀者在使用這些

字工作領域有步驟地配合數位媒體的壯大而撤退，並同時裝備訓練自己進入數位媒體的信息生產工作之中。

可是，若視媒體自身就是信息，起著塑造人性與文化的作用，那麼，文字工作者就需要弄清楚所使用的媒體的本質及其對人性與文化所起的作用，也要探究新興媒體的本質及其對人性與文化所起的作用。即使面對數位媒體無孔不入的局面，只要能確定印刷媒體、文字於建立人性與文化具有特定不可取代的價值，那麼，文字工作者就有充分的理據繼續堅持下去，並且在這一理解底下進而監管其他媒體的霸權發展。於此，文字工作者不單有需要堅守崗位，也有責任限制其他媒體那種僭越以求一體化的舉動。這是看守的責任，進一步言，這實是一為人類文化而看守的舉動，防止文化落入單一片面的境況。

三

數位媒體在兩方面挑戰文字工作者。首先是文字數位化後無須顯現於紙張之上，即無須以紙張作為傳遞工具，而轉以電腦螢光幕的文字影像的方式出

若視媒體自身就是信息，起著塑造人性與文化的作用，文字工作者就需要弄清楚所使用的媒體的本質及其對人性與文化所起的作用。

果媒體是中性的話，那又根據甚麼理由和原則去選取用以傳遞信息的媒體？——訴諸受眾的接納？傳遞的效果？事實上，當考慮受眾的接納和傳遞的效果，就需要追問何以如此？是否僅為偶然的現象，而跟媒體的本質無關？抑或不同的媒體對應受眾的不同接收機能，從而產生不同的果效？並進而對人性與文化產生不同的影響？

即使那種嘗試為各樣媒體劃下長處短處的做法，若停留在工具論的看法，則所關心的仍只是其接納性和有效性。然而，若能掌握媒體即信息這一觀點，則自然能夠明白媒體本身即有塑造人性與文化的功能。這已不是從信息內容上來說，而是就媒體本身來說，就傳遞信息的途徑、方法本身來說。「怎樣」傳遞並非中性。

當我們批評時下社會對影像趨之若鶩，遠離甚至抗拒文字，造成不懂思考、分析的後果，實已隱含著媒體並非中性的觀點。若文字工作者仍然持守工具論的觀點，則文字工作的價值也應只是工具性的，只要有更理想的媒體出現，即可取代印刷媒體甚至文字本身，而文字工作也應被此一媒體工作所取代。那麼當我們預測二十一世紀將是數位媒體的世界時，就當預備過渡，從文

消退只是開端，挑戰早就無聲無色地進行，我們又如何理解及自處呢？歸根究底，這是一個文字工作者無可推卸的自省問題。下面的文字，只是我個人的一些反省，沒有簡單的答案，因為我不以為問題很簡單。

二

當我們說「印刷文化」、「數位文化」，並非僅僅指一種以印刷或數位為媒體來傳遞資訊的文化。媒體不純是工具，與內容無涉。六十年代傳播大師麥克魯漢（Marshell McLuhan, 1911～1980）說過：「媒體即信息。」（The medium is the message）今天討論數位文化時，這句話再次被炒熱。文化學者已經不斷指出數位傳播將把這世界帶進一個全新的時代，一如當年十六世紀古騰堡（Johannes Gutenberg, 1400～1468）發明活版印刷所掀起的文化革命，影響深遠。我們又當如何看待媒體與信息、媒體與文化的關係？工具論會否是我們的主流？在六、七十年代，華人教會普遍視影視媒體為「邪惡」，反動者為奪取失去的影視文化地盤，提出了媒介中性的觀點，又是否恰當？但如

第一部 [二]

一

踏入二十一世紀，作為一個文字工作者，我有興趣的首先是印刷媒體及文字本身的生死問題。一個新的時代正在浮現且逐漸成形，對文字工作者提出了不能逃避的挑戰。這種挑戰並非外在的。我們面對的並非那種能否出版對應時代需要的書籍刊物的挑戰，而是自身的存在價值與意義的挑戰。

這個正在浮現成形的時代究竟是一個怎樣的時代？我們正活在兩個時代的交疊之間，成了過渡人。人文學界存在著這樣的一種區分：現代與後現代。與此相平行的媒體發展則為印刷與數位（數碼），並相應所構築而成的印刷文化（**print culture**）和數位文化（**digital culture**）。我們都在印刷文化下出生和成長，可是現在卻生活在數位文化迅速擴展的世代裏。當二十一世紀數位文化席捲天下，印刷媒體與文字本身仍有任何存在的價值嗎？身為文字工作者，我們能安於這樣一個時代的來臨嗎？這並非遙不可及的將來，如今閱讀群體的

作為一個文字工作者，我有興趣的首先是印刷媒體及文字本身的生死問題。

虛擬

〔文字．虛擬〕

二十一世紀將是一個怎樣的世代？人類公元的第三個千年將是如何的情景？對這樣的提問，筆者無意提供確實的答案，謂將來必然如此或如彼，因為歷史並非絕對封閉的，可是，歷史的發展亦有其勢，勢非不可改，只是不易改，特別當其勢已成。那麼，人類在世紀之交，正順著一個怎樣的勢而奔走，將引領走向何方，是不得不關注的問題。雖則如此，將來到底並未到來，也就不可能有一總體式的理解，即或分割成若干不同領域來討論，亦不可能如實地呈現真相，因為真相還沒有完全出現。這樣一來，本文只能以斷簡式的囈語表述筆者個人的閱讀、思考和關懷，絕對不是學院式的大塊文章。

[一] Martin Heidegger, *On the Way to Language*, trans. Peter Hertz and Joan Stambaugh (New York: Harper & Row, 1971), p. 60。中譯：海德格爾：《在通向語言的途中》，修訂譯本，孫周興譯（北京：商務印書館，2004），頁150。

[二] Heidegger, *On the Way to Language*, p. 60。中譯：海德格爾：《在通向語言的途中》，頁150～151。

[三] 孫周興譯註，見中譯：海德格爾：《在通向語言的途中》，頁151。

[四] Heidegger, *On the Way to Language*, p. 60。中譯：海德格爾：《在通向語言的途中》，頁151。

[五] Heidegger, *On the Way to Language*, pp. 61～62。中譯：海德格爾：《在通向語言的途中》，頁152。

[六] Heidegger, *On the Way to Language*, p. 62。中譯：海德格爾：《在通向語言的途中》，頁152。

[七] Heidegger, *On the Way to Language*, p. 64。中譯：海德格爾：《在通向語言的途中》，頁156。

[八] Heidegger, *On the Way to Language*, p. 64～65。中譯：海德格爾：《在通向語言的途中》，頁156。

[九] Heidegger, *On the Way to Language*, p. 65。中譯：海德格爾：《在通向語言的途中》，頁157。

[十] Heidegger, *On the Way to Language*, p. 66。中譯：海德格爾：《在通向語言的途中》，頁159。

[一一] Heidegger, *On the Way to Language*, p. 73。中譯：海德格爾：《在通向語言的途中》，頁167。

[一二] Heidegger, *On the Way to Language*, p. 86。中譯：海德格爾：《在通向語言的途中》，頁183。

[一三] Heidegger, *On the Way to Language*, p. 86。中譯：海德格爾：《在通向語言的途中》，頁183。

[一四] Heidegger, *On the Way to Language*, p. 86。中譯：海德格爾：《在通向語言的途中》，頁184。

[一五] Heidegger, *On the Way to Language*, p. 88。中譯：海德格爾：《在通向語言的途中》，頁185。

[一六] Heidegger, *On the Way to Language*, p. 89。中譯：海德格爾：《在通向語言的途中》，頁186。

[一七] Heidegger, *On the Way to Language*, p. 93。中譯：海德格爾：《在通向語言的途中》，頁193。

[一八] Heidegger, *On the Way to Language*, p. 93。中譯：海德格爾：《在通向語言的途中》，頁193。

[一九] Heidegger, *On the Way to Language*, p. 107。中譯：海德格爾：《在通向語言的途中》，頁210～211。

[二十] Heidegger, *On the Way to Language*, p. 152。中譯：海德格爾：《在通向語言的途中》，頁231。

[二一] Heidegger, *On the Way to Language*, p. 108。中譯：海德格爾：《在通向語言的途中》，頁213。

文本，就是詞語崩解之處；
存有，就在文本之中出現，
以及隱蔽。

因此，海德格輾轉地猜度說：

詞語崩解處，一個『存在』出現。
（*Ein "ist" ergibt sich, wo das Wort zerbricht.*）

海德格解說如下：「崩解（*zerbrechen*）在此意味：傳遞出來的詞語返回到無聲之中，返回到它由之獲得允諾的地方中去——也即返回到寂靜之音中去。」[三二] 這是返回遠古女神的淵源深處，這是返回淵源深處的一無所有，這是返回無本，這是返回隱蔽，這是返回破碎與缺失之處。最終，這是返回寂靜的文本之中去：「文本以外無一物。」

文本，就是詞語崩解之處；存有，就在文本之中出現，以及隱蔽。
由此，我們可以輾轉地閱讀海德格輾轉閱讀格奧爾格的詩句。
由此，我們可以讀詩。

詞語的這種破碎、缺失，表現於其遮蔽自身與給出自身。詞語在遮蔽自身、隱瞞自身之中，給出了存有，並給出了其自身之本質。

來看，詞語給出：存在〔引按：即 Being，存有〕。」[十五]「詞語在隱瞞中把它被扣留起來的本質帶到了近處，〔……〕。」[十六] 詞語在遮蔽自身、隱瞞自身之中，給出了存有，並給出了其自身之本質。我們由此而可以說，詞語是破碎的、缺失的，存有也是破碎的、缺失的。詞語的破碎、缺失，遮蔽其自身、隱瞞其自身，但卻給出了存有，給出了其自身之本質。語言乃存有之安宅，語言乃道路。「語言之本質就在道說中。」[十七]

「道說（*sagen*），在古代斯堪（Old Norse）的維納亞語中叫 *sagan*，意思就是顯示（*zeigen*），即：讓顯現（*erscheinen lassen*），既澄明著又遮蔽著之際開放亦即端呈出我們所謂的世界。澄明著和遮蔽著之際把世界端呈（*Reichen*）出來，這乃是道說的本質存在〔引按：即 Being，存有〕。」[十八]「道說意謂：顯示、讓顯現、既澄明著又遮蔽著把世界呈示出來。」[十九] 道說，意味澄明與遮蔽，意味著老子的有與無，意味著持續著的使在場和使不在場，意味著詞語自身的無窮破碎與失落。詞語的本質，在於本質的澄明與遮蔽。而遮蔽更有首出的意義，因為海德格說：「『可存在』（*sei*）隱蔽地，從而更純粹地，把『存在』（*ist*）呈示給我們了。」[二十]

一切物保持並且留存於存在之中」。〔一一〕

海德格繼續輾轉地思考著「詞語破碎處，無物存在（*ist*）」。「詞與物是不同的，甚至是截然分隔的。〔……〕本身不是任何物的詞語，不是任何『存在著』（*ist*）的東西的詞語，逸離我們而去。」〔一二〕因此，詞語並非事物的充足理由（*Grund*）、根據。詞語自身是無本的，是以，海德格接著說：「若然，在詩意地預感到詞語本身不可能是任何物之際，格奧爾格就在女神那裏為寶石祈求一個詞語，也就是為詞語本身祈求一個詞語了。但命運女神卻向詩人昭示：『如此，在淵源深處一無所有』。」〔一三〕這難道不正是表明詞語的破碎和缺失嗎？我們需要另一個詞語去表示這個詞語，但同時，我們「是找不到表示詞語的詞語的」。〔一四〕找不到，是因為詞語不斷破碎和缺失；這種不斷的破碎和缺失，本身就是無本的深淵，當中一無所有。

詞語的這種破碎、缺失，表現於其遮蔽自身與給出自身。海德格有言：「在詞語中，在詞語之本質中，給出者（*was gibt*）遮蔽著自身，〔……〕詞語即是給出者（*das Gebende*）。給出甚麼呢？根據詩意經驗和思想的最古老傳統

詞語本身就是關係，難道不蘊含著詞語的破碎嗎？詞語是在其破碎之處，「把一切物保持並且留存於存在之中」。

海德格因而扣緊此詩倒數第二行來輾轉解說最後一行：

我於是哀傷地學會了棄絕：
詞語破碎處，無物存在（*sei*）。

認為「冒號之後的詩句所命名的卻不是被棄絕的東西，倒是命名這種棄絕必須進入的那個領域」。[八] 由此，海德格以命令式來了解 *sei*：「詞語破碎處，往後就不允許任何物成其為存在著的物。」[九]

而剛相反，筆者以為只有在詞語破碎之處，物才成為存在著的物。這樣的了解「詞語破碎處，無物存在」，則其意思應當是：詞語破碎處，無一自在之物存在。詞語是無本的，物亦是無本的；物只有在無本的詞語中才能顯現出來。這樣的說法，豈非更能對應海德格如下的說話嗎？「詩人進入詞與物的關係之中。但這種關係並不是一方物和另一方詞語之間的關係，詞語本身就是關係。詞語這種關係總是在自身中扣留著物，從而使得物『是』（***ist***）一物。」[十] 詞語本身就是關係，難道不蘊含著詞語的破碎嗎？詞語是在其破碎之處，「把

惟有在深不見底的淵源中才可發現名稱，或者應該這樣說，名稱隨著深不見底的淵源而前行，它不斷地在破碎、缺失的無限度過程中。深不見底的淵源，實在不過是無本的深淵。這樣說來，詞語、名稱，都是無本的。詞語、名稱，自身是無本的，它是輾轉破碎和缺失的，但事物卻在這輾轉破碎和缺失中生起。

但是，海德格大膽地把詩人的詩句改寫為：[五]

詞語缺失處，無物存在。

他原來的意思是：「詞語也即名稱缺失處，無物存在。惟詞語才使物獲得存在。」[六] 不過，他很快又要求我們要留心去傾聽，「傾聽在最後一節詩中如何聚集著詩人在詞語上（同時亦即在語言上）取得的經驗整體；因為我們必須留心，不要把詩意道說的顫動趨迫到一種單義陳述的陳規老套上去，並因此而把它毀壞了」。[七] 對，不要把詩意約化到單義的陳述中去。這是否定了、壓抑了詞語之破碎與缺失。

這種破碎是否必然是負面的？

抑或詞語之破碎正是事物生成之處。

換成了直陳式現在時的「存在／是」（*ist*）。[三]原因何在？從虛擬到實在，表面看來是從可能性到實在性的轉換，但若思想並不停駐於此，繼續前行，就會發現事情可不這麼簡單。從 ***sei*** 到 ***ist*** 這種轉換，難道不正是一種詞語的破碎嗎？特別當海德格說「破碎即是缺失」[四]之時。

然而，這種破碎是否必然是負面的？抑或詞語之破碎正是事物生成之處。如果我們真這麼思想，那麼就跟「詞語破碎處，無物存在」看來有點相衝了。可是，豈不正正是因為詞語之破碎而使得虛擬式詩句轉換成了直陳式現在時的述句嗎？由詞語之破碎而生起事物。

詞語之破碎，即詞語之缺失，但這破碎，這缺失是一種不穩定的游移，且是無限度的不穩定的游移。因此，詩人說：

期待著遠古女神降臨

在她的淵源深處發現名稱——

關於詞與物之間的關係有所道說」。[一]

這一行詩的德語是這樣的：

Kein ding sei wo das wort gebricht

英譯如下：

Where word breaks off no thing may be

然後，海德格把這行詩的內容轉換為一個陳述句：[二]

Kein Ding ist, wo das Wort gebricht

詩人原來是使用虛擬式或命令式的「可存在／可是」（*sei*），海德格卻轉

從 *sei* 到 *ist* 這種轉換，
難道不正是一種詞語
的破碎嗎？

破碎

〔詞語破碎處，無物存在〕

讀海德格的〈語言的本質〉（"The Nature of Language"），知道詩人斯退芬．格奧爾格（Stefan George）後期的詩作中，有一首題為《詞語》（*Das Wort*）的詩。讀著海德格的〈語言的本質〉，我是輾轉地讀著格奧爾格的《詞語》，尤其是這詩的最後一節的最後一行：

詞語破碎處，無物可存在。

這是因為整篇〈語言的本質〉一而再，再而三的解讀著詩人《詞語》一詩，尤其是最後一節的最後一行。海德格之所以如此再三解讀這詩的最後一行，「因為這行詩專門把語言之詞語和語言本身帶向語言而表達出來了，並且

海德格（Martin Heidegger, 1889~1976，或譯海德格爾），出生於德國小鎮梅斯基希（Meßkirch），其哲學思想在多個領域均有具大影響力，《存有與時間》（*Sein und Zeit*, 1927）為其最有名的作品；另著有《走向語言之途》（*Unterwegs zur Sprache*, 1959）、《林中路》（*Holzwege*, 1950）⋯等等。

詩人因詩而思，海德格因詩而思，我在這裏，只是尾隨海德格，學習因詩而思；去思想詩人，去思想詩人之詩與思，去思想詩與思當中的存有之歷史的軌道。我相信，這是詩人給予我們最大的禮物。而我們應當學習的，乃是傾聽詩人的道說，在沉思中轉身，生命而得拯救。

最後，我引保羅在哥林多後書八章九節的說話作為總結：「你們知道我們主耶穌基督的恩典：他本來富足，卻為了你們成了貧窮，叫你們因他的貧窮，可以成為富足。」

[一] 馬丁．海德格爾：《林中路》〔*Holzwege*〕，孫周興譯，修訂本（上海：上海譯文出版社，2004），頁286。
[二] 海德格爾：《林中路》，頁290。
[三] 海德格爾：《林中路》，頁283。
[四] 海德格爾：《林中路》，頁284。
[五] 海德格爾：《林中路》，頁282。
[六] 海德格爾：《林中路》，頁282。

居留之所，上帝臨在之時又該何所往呢？[五]我們會讓出這個人已佔據多時的居所嗎？我們會有所轉向嗎？

海德格再一次引荷爾德林的詩句，容讓我在這裏也述說一遍：

〔……〕天神之力並非萬能
正是終有一死者更早達乎深淵
於是轉變與之相伴
時代久遠矣，而真實自行發生[六]

詩人以為人這一有死者，其之所以有所轉向，只因達乎深淵。何謂「深淵」？「深淵」就是「無本」，德文是 *Abgrund*，英文是 **non-ground**。人不以自己為本，也不以自己所製造出來、擬模出來的上帝、神靈為本，亦不以計算式技術為本，生命才有轉向，轉向無本。天台佛學說：「從無住本立一切法。」此是大自在。上帝自身是無本，是莫大的深淵、難以測度、不可計算，卻能立一切法。

詩人以為人這一有死者，其之所以有所轉向，只因達乎深淵。何謂「深淵」？「深淵」就是「無本」……上帝自身是無本，是莫大的深淵、難以測度、不可計算，卻能立一切法。

海德格就此而解釋：「在貧困時代裏作為詩人意味著：吟唱著去摸索遠逝諸神的蹤迹。因此，詩人就能在世界黑夜的時代裏道說神聖者。」[四]

然而，詩人是孤獨的，因為這個時代的黑暗和貧困。我們不但問：「在一個貧乏的時代，詩人何為？」並且也當問：「在一個貧乏的時代，詩人何在？」然而，我們這樣提問，究竟是甚麼意思呢？是因為我們自身的貧乏而看不見詩人？是因為詩人以襤褸的裝束在街角塗鴉說著瘋語所以我們視而不見？是因著我們自身的貧乏所以未能識別那「一無是處」的詩人？詩人已經透過詩而道說出存有、天道在這時代的命途，但我們真的聽到了嗎？

如果主宰著這個時代的，乃是計算式思維，那麼，我們並不真能傾聽這些詩人的道說。計算式思維遮蔽了詩人的道說，也遮蔽了我們對詩人的辨識，更重要的是，計算式思維遮蔽了我們對時代的洞悉。我們變得耳聾、目盲，並不察覺時代之黑暗、困乏，而繼續在跳那叫人心發狂的舞步。

上帝隱蔽、諸神撤退，只因人已成為萬物聚集之中心，把本屬神聖領域的榮耀褫奪為己有，以計算式的技術統治這世代，要完全贏得這個世界。詩人要追蹤的正是那本屬神聖領域的聚集，然而，這個時代若果事先沒有準備好一

然而，詩人是孤獨的，因為這個時代的黑暗和貧困。詩人已經透過詩而道說出存有、天道在這時代的命途，但我們真的聽到了嗎？

就是思。海德格說，詩人是透過詩的創作去進行運思的。[二] 詩人不尚計算，他藉著作詩而去沉思存有、天道在這時代的命途。他關心的是存有、天道在這時代的彰顯與隱蔽。

讀詩而不知貧乏，恐怕是我們這個時代最大的貧乏。海德格就有這種觀察和斷言：「世界黑夜的貧困時代久矣。既已久長必會達到夜半。夜到夜半也即最大的時代貧困。於是，這貧困時代甚至連自身的貧困也體會不到。這種無能為力便是時代最徹底的貧困了，貧困者的貧困由此沉入暗冥之中。貧困完全沉入了暗冥，因為，貧困只是一味地渴求把自身掩蓋起來。」[三]

〔……〕在一個貧乏的時代，詩人何為？

荷爾德林引詩友黑塞（Wilhelm Heinse, 1746~1803）的詩句來作答：

你說，但他們如同酒神的神聖祭司
在神聖的黑夜裏走遍大地

的意象，豈不正是指向時代的貧乏嗎？沒有一種對時代貧乏的感觸，在海德格來看，甚至在中國人來看，算不上詩人；同樣，對詩人最大的尊敬，莫過於以憂患之意識去閱讀詩中所指向的貧乏，而與詩人一起沉思時代的命途。這是一個殘夜、舊年的時代，我們可以樂觀嗎？時代的轉身從何得見？

海德格自己怎樣對待荷爾德林的詩呢？他這樣說：「〔……〕冷靜地運思，在他的詩所道說的東西中去經驗那未曾說出的東西，這將是而且就是惟一急迫之事。此乃存在〔引按：即 *Sein*、**Being**，或譯存有〕之歷史的軌道。如果我們達乎這一軌道，那麼它就將把『思』帶入一種與詩的對話之中。這是一種存在〔按：即存有〕歷史上的對話。」[二]

冷靜地運思，實則乃是一種敞開的投入，或敞開地讓詩所道說的東西進入我們自己的思想中。詩所道說的是甚麼？天道於人世間的命途是也。海德格稱這為存有之歷史的軌道。天道隱蔽，諸神撤退，因此，這是一個貧乏的時代。

這是一個貧乏的時代，這是一個貧乏的技術時代。技術取代了上帝，計算排斥了沉思。計算乃技術的本質所在，然而，對於上帝，我們只能沉思。詩

德國詩人荷爾德林（1770～1843），一生坎坷，直至二十世紀其重要性才被肯定，並把他與但丁（Dante Alighieri）和彌爾頓（John Milton）相比。相關中譯作品可參氏著：《塔樓之詩》，先剛譯（上海：同濟大學出版社，2004）；《荷爾德林文集》，戴暉譯（北京：商務印書館，1999）及海德格爾：《荷爾德林詩的闡釋》，孫周興譯（北京：商務印書館，2004）；等等。

對詩人最大的尊敬，莫過於以憂患之意識去閱讀詩中所指向的貧乏，而與詩人一起沉思時代的命途。

國哲學家海德格就因荷爾德林這一哀歌而寫就一文，思想我們這個世代的命途，名為〈詩人何為？〉可是，對於我們，詩人何為？大抵詩人寫詩就只是為了被我們引用，且是淺薄的引用。

近日有人引用唐朝詩人王灣的《次北固山下》來展望時代的前路，這恐怕跟詩人所關心的，不無距離。綜觀全詩，真的如今日引詩之人那麼樂觀嗎？全詩這樣說：

客路青山下，行舟綠水前
潮平兩岸闊，風正一帆懸
海日生殘夜，江春入舊年
鄉書何處達，歸雁洛陽邊

詩人說：「海日生殘夜，江春入舊年。」殘夜、舊年，恐怕正正抵銷了那種岸闊、風正的一味樂觀，而具有某種中國人的憂患意識在內。殘夜、舊年

我們都是貧乏的，我們都活在貧乏的世代，但我們卻不自知貧乏，反倒以為富有。

在一個貧乏的時代，詩人何為？

馬丁．海德格爾：《林中路》，孫周興譯，修訂本（上海：上海譯文出版社，2004）。

也許，我們並不習慣沉思。遇物無感，觸景而不生情。在封閉麻木的內在生命之外，有的只是感官的燦爛，任由五色與五音來割裂我們，而目盲而耳聾卻終不自知。其實，我們都是貧乏的，我們都活在貧乏的世代，但我們卻不自知貧乏，反倒以為富有。昨天（一月二十七日）是奧斯維辛（Auschwitz）大屠殺六十週年，當年法蘭克福學派（Frankfurt School）主將德籍猶太裔的阿當諾（Theodor W. Adorno）曾經說過：奧斯維辛之後，寫詩是殘忍的舉動。是的，在如斯貧乏、一無所有的時代，我們還可以繼續以浪漫主義的詩歌來歌頌甚麼呢？在這裏我想起德國詩人荷爾德林（Friedrich Hölderlins）的詩句：

〔……〕在一個貧乏的時代，詩人何為？

這真是再好不過的詩句。在一個貧乏的時代，詩人何為？我們在這裏談詩，談「因詩而思」，有甚麼意義？在這裏引荷爾德林這一詩句，能夠引起我們去思想，去沉思嗎？我們能去思想、去沉思我們自己的時代嗎？我們能去思想、去沉思詩人在這時代可有甚麼的作為嗎？我們說「因詩而思」。德

因詩

〔因詩而思〕

我不是詩人。我的專業是神學研究和神學教育，並且我也閱讀哲學的著作，嘗試從事跨科際的對話。我不是個詩人，我不大懂詩，就是業餘的文學閱讀者我也稱不上，那麼，為甚麼我會在這裏跟大家分享〈因詩而思〉這個題目？我可以跟大家分享的，又會是甚麼？

或者，反過來問問大家，〈因詩而思〉這個題目，會叫大家想起甚麼？我們會因為〈因詩而思〉這個題目而有所思想嗎？或許，最直接的反應，就是想到「因為詩，所以思」，意思是，思想由詩而引發出來。這是簡單不過的。可是，簡單也可以耐人尋味，叫人陷入沉思之中：為甚麼詩可以跟思拉上關係？詩是甚麼？思又是甚麼？

何信息和意義。是以，我們斷定距離和空白的裝幀是無用的，甚至一切的裝幀都是無用的。我只能說，這是極其膚淺的看法、心態、生活方式、價值觀念、人生取向……是的，極其膚淺。如果惟有直接地、即時地傳遞、呈現、展示信息和意義，才是有用的，那麼不單裝幀無用，並且一切間接的、轉折的、隱喻的書寫都是無用的。裝幀是無用的，因為裝幀沒有那種即時的、直接的用途。但正正如此，裝幀乃是大用，它以距離和空白使得文字的意義得以生成。印刷的文字必須以裝幀的距離與空白為其不可分割的背景或視域，方才可以完成其傳遞、呈現、展示訊息和意義的使命和本性。

天下萬物生於有，有生於無。無窮的意義生於印刷的文字，印刷文字的意義生於無用的裝幀。裝幀之無用，是為大用。

當意義是多層次的、交雜的、充滿張力的、弔詭辯證的、游離滑轉的……停駐、來回、反複、跳躍、剪接……成了無可避免的閱讀動作。而這，大概只有印刷文字容許我們如此這般地實踐。

的。所以，如果可以選擇的話，有聲書就更好了。但有聲書真的較印刷文字好嗎？在盛載及展示訊息或意義一事上？聲音較文字來得即時、直接，但意義之展示、顯明，真的就在一瞬間就能完成的嗎？這裏涉及了意義的問題。當意義是多層次的、交雜的、充滿張力的、弔詭辯證的、游離滑轉的，那就沒有可能當下的聆聽即可完全了然於胸。停駐、來回、反複、跳躍、剪接……成了無可避免的閱讀動作。而這，大概只有印刷文字容許我們如此這般地實踐。

寫下來的文字，以某種大小字型字距行距，以某種方式被置於某種大小紙張某種大小空白之內，是一種呈現文字意義的方式。這是裝幀工作的一種。距離和空白是意義生成不可或缺的背景或視域，裝幀就是讓文字的意義在距離和空白中生成。字裏行間的距離與文字篇章底下的空白，要喚起閱讀過程中讀者心中對意義的距離與空白。一種客觀的距離與空白生起一種主觀的距離與空白。然後有所謂停駐、來回、反複、跳躍、剪接，然後可以體會意義之無窮無盡：多層次的、交雜的、充滿張力的、弔詭辯證的、游離滑轉的。

因為我們追求直接的、即時的，所以並不重視，也未能體會裝幀中的距離和空白。我們以為距離和空白是多餘的，甚至欺人的，因為當中沒有傳遞任

無用

〔印刷的文字．無用的裝幀〕

書本，曾經一度指的只是印刷文字。現在，書本可以是虛擬實在（virtual reality）的。我們已經在虛擬實在的網上讀書。印刷媒體的紙張，跟貯藏和顯示文字的電腦載體，都是物質性的。但兩者有甚麼分別呢？這當然可以從閱讀活動的角度來審視，探討其於讀者的主體性 (subjectivity) 有甚麼塑造性影響？對意義生成起著怎樣的作用？無疑，這些都是重要的問題。然而，這裏卻從另一個角度來沉思印刷的文字——裝幀。

我們基本上以為裝幀不必花太多心思。封面吸引人買就成了，內文字體看得到就可以了。一句話，裝幀無用。我們以為一本書——印刷文字也好，虛擬實在也好——其本質乃在於文字所盛載的信息或意義，其餘的都是不相干

而當下體認自身之生命。如此而已。

[一] Jacques Derrida, "Living on: Border Lines," in *Deconstruction and Criticism,* trans. James Hulbert, ed. Geoffrey H. Hartman (London: Routledge & Kegan Paul, 1979), p. 102; quoting from Jonathan Roffe, "Translation," in *Understanding Derrida*, eds. Jack Reynolds and Jonathan Roffe (New York/London: Continuum, 2004), p.106.

二

沙漠教父教母的言行，純樸率真，直指人心。惟有純樸率真，才能無有奇巧，才能越過話語文字之迷障，而歸於當下自我生命之體悟。平平無奇，而可抗衡種種教人目眩神往的說詞，從虛構的華麗之迷失中救拔出來。簡樸，才是最有力的、最有深度的。文字與圖畫都是如此。

文字與圖畫，其實都不過是痕迹。若真懂這個道理，也就不會崇拜文字，執之為偶像，也不必害怕教會歷來的圖像（icon）教化。有所執，非關外在之文字、客觀之圖畫／圖像，全都在乎一心。心有所執，沒有文字、圖畫／圖像，仍可執己，為自己造像。心無所執，則一切文字、圖畫／圖像具是痕迹，悟道之機緣，得救之方便。

簡樸的文字，簡樸的圖畫，它們之間，究竟哪一個解釋哪一個？甚麼是原本？甚麼是複製？原文是原本，翻譯是複製？文字是原本，圖畫是複製？原來，不過是無限無底無本之深奧，它以文字，以圖畫，以翻譯來揭示自己的無窮無盡。一切都在這無限無底無本的深奧之中，歸於平平無奇、樸實無華，

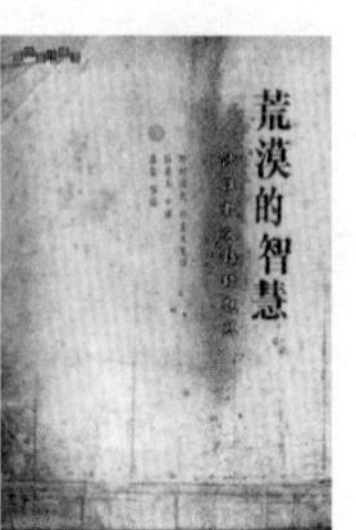

野村湯史：《荒漠的智慧》，莊柔玉譯（香港：基道出版社，2003）。

中的差異。差異使得翻譯成為必須，否則即不可了解，不可溝通。但差異也使得翻譯永無窮盡，因為他者自身永無窮盡。在這樣的一種情況底下，翻譯是一種弔詭。

在這一過程之中，我們首先遭遇的乃是自身的潛移默化，在文字的世界中轉化、成長、更新，脫胎換骨。可是，也不要以為這是一種全然的同化、失去自我。實質上，我們是以最大容納性、最具彈性的文字，去了解、明白。當中總有遺漏。

遺漏，不一定是缺陷。翻譯，即使已臻化境，亦免不了遺漏。這就指出了翻譯的界限。沒有翻譯的這一種免不了的遺漏，大概我們仍然會執著於全然再現、反映的文字轉換觀點。只有遺漏的翻譯，才讓我們真正認識自己，以及了解、明白他者：他者原來是不可徹底為我的文字所轉換的，我的文字原來是我自己的界限。

如此，翻譯之舉動，也是悟道之機緣了。

太初有差異。

差異讓我們謙留，不敢造次。

差異讓我們敞開、倒空自己，好進入異己的文字之中，而了解、明白。

之間

〔在可譯與不可譯之間．在圖畫與文字之間〕

A text lives only if it lives on, and it lives on only if it is at once translatable and untranslatable ... Totally translatable, it disappears as a text, as writing, as a body of language. Totally untranslatable, even within what is believed to be one language, it dies immediately.[一]

——德里達

一

翻譯是一種溝通，嘗試以自己的文字了解和明白另一種文字。然而，因為是兩種不同的文字，所以中間的了解和明白並不是再現，反映。必須正視當

框架。痕迹原只是物／事在某一時空中呈現的性相，因而具有指向的作用：指向物／事，雖則此痕迹亦屬物／事的。因此說痕／迹。痕，或，迹。這樣就有一種延擱的作用。因為這中間的「／」，即一分為二，但這二又是合為一的，二而為一。一分為二，就生出兩個互有差異的意思：

痕、迹，中間的「／」，即為一種斷裂、非等同的表示。痕，不能圓滿表達；迹，也不能圓滿表達。故此，痕需自我冥化，讓迹呈現；迹需自我冥化，讓痕呈現。但兩者又非「非此即彼」的關係，反之，卻是「既此亦彼」的，因為這是一整體的表達：痕／迹。

此外，中間的「／」，同時把兩者聯繫起來。故痕、迹均不可被絕對否定。然而，還不單如此，這中間的「／」，同時也把兩者予以冥化：「非此亦非彼」。既然痕、迹均不能圓滿地表達、呈現物／事，那麼，兩者均需隱沒、退讓，而成~~痕／迹~~。只是，若如此表達：~~痕／迹~~，又嫌太顯，太顯反為不妙，不能冥化，未能不「著」痕／迹而盡得風流。到底，~~痕／迹~~也只是痕／迹。

閱讀《痕／迹》，亦當如是。

只有冥化的眼睛，
才能讀出本真的物／事。

韓瑪紹：《痕／迹》，莊柔玉譯（香港：基道出版社，2000）。

規限了物／事的呈現。再進一步說，也就是不讓作者成為中心，不讓文字成為中心。德里達（Jacques Derrida）的「迹冥論」（grammatology）也無意以文字為中心，因為文字只是痕／迹。

文字，因而必須能自我冥化、隱沒、退讓，自我消解其絕對的限定性。然而，怎樣的作者／文字才能如此？曰：沉思式的（meditative）、詩意式的（poetic）。這是套用海德格（Martin Heidegger）的。換上中國式的表達，觀照式的、境界式的、啟發式的。非有我之境，而為無我之境；達無我之境，則物我兩忘；能物我兩忘，則能消解限定，而讓本來面目呈現。是以，中國哲學及文學中甚多消解文字的講法，如道家正言若反，如禪宗不立文字。在寫作中，作者／文字能達此境，即為道、存有（Being）所滲透而言說，而可自行歸於痕迹之本份。

Jacques Derrida, *Of Grammatology*, trans. Gayatri Chakravorty Spivak (Baltimore, Maryland: The John Hopkins University Press, 1976).

三

痕／迹，
而非痕迹。

痕／迹，而非痕迹。若為痕迹，亦易執實痕迹本身，而使痕迹成一限定

文字乃痕／迹，乃意義彰顯的場所。

寫作亦如是。

成為痕／迹，也就是不讓作者／文字成為僵化的框架，死硬地規限了物／事的呈現。

二

Markings 以埃克哈特之詩句為日記之扉頁，豈不透露這一信息。作者／文字必須自己隱沒，然後物／事的本相才能呈現。只是，何謂「隱沒」？如何才能「隱沒」？隱沒就是先前所說的冥化，從另一個角度說出「退讓」的意思。然而，「退讓」又是甚麼意思？這樣一層一層的翻查、細想、沉思，正是冥化、隱沒、退讓的過程。其實，作者／文字還是存在的，只是以痕／迹的方式存在。而所謂冥化、隱沒、退讓，就是一不斷消除特定界限的過程，好讓物／事可以不斷在更廣闊的視域（horizon）中呈現其本來面目。

激進的說法，就是作者已死、文字已死。這樣的說法，同樣需要冥化、隱沒、退讓。否則，執實了即限定了，以為作者和文字都不必存在了，結果成了虛無。成了虛無，也就無可言說了。虛無，如何可以言說？如何可以言說虛無？言說，通過作者和文字而呈現。死，大概只能是大死一番；大死一番之後是大生。大死大生，即冥化、隱沒、退讓，物／事由此呈現，而作者／文字即成痕／迹。成為痕／迹，也就是不讓作者／文字成為僵化的框架，死硬地

埃克哈特（全名約翰尼斯．埃克哈特〔Johannes Eckhart，約1260～1328年〕，常被稱為埃克哈特大師〔Meister Eckhart〕），道明會士，對後世德國神哲學有深遠影響。中譯作品有《埃克哈特大師文集》，榮震華譯（北京：商務印書館，2003）；等等。

Only the hand that erases
can write the true thing

原文為拉丁文或古德文，後翻成英文，如今再轉成中文。英文版 *Markings* 一書，於日記正文的前一頁印上了這兩行字句。斜斜的排在那裏，躍躍欲飛，彷彿隨時飄逸而去，不落俗世人間。大抵，從拉丁文或古德文到英文，從英文到中文，本就已經是一次冥化的命途。

從一種文字到另一種文字，在消極的角度來看，總覺此言不能道盡彼言；積極一點，則此言以其異己性質道出彼言隱而不顯的意義，故此，彼言之隱蔽，得藉此異己之言而開顯。這樣一來，彼言必須自行隱去以讓此言開顯其意義。從一種文字到另一種文字，大抵可以如此了解。

文字乃痕／迹，乃意義彰顯的場所。

寫作亦如是。

痕／迹

〔關於痕／迹〕

既忘其迹，又忘其所以迹者，
內不覺其一身，外不識有天地，
然後曠然與變化為體，而無不通也。

——〔晉〕郭象《大宗師注》

一

「只有冥化的手，才能寫出本真的物／事。」這是翻自中世紀神祕主義大師埃克哈特的文字，英文如下：

所謂冥化、隱沒、退讓，就是一不斷消除特定界限的過程，
好讓物／事可以不斷在更廣闊的境域中呈現其本來面目。
文字，因而必須能自我冥化、隱沒、退讓，自我消解其絕對的限定性。

然而，怎樣的作者／文字才能如此？

曰：沉思式的、詩意式的。

換上中國式的表達，觀照式的、境界式的、啟發式的。

文字在這裏

沉思

蘇格蘭聖安德烈大學研究生單身宿舍，攝於一九九四年春。

語言乃存有之安宅。

已婚宿舍外望。

取道德里達

遊於文字天地間

目錄

二〇〇六

〈我……愚……愚拙地……傳講……傳講……愚愚……拙的福音〉全文以〈我愚拙地傳講愚拙的福音〉為題，分四期載於《基督教週報》第二二一五期至二二一八期，二〇〇七年二月四日至二十五日，頁4。定稿：二〇〇六年二月十二日。

〈記憶．文本．實踐：莫特曼的盼望神學〉。《山道期刊》第十七期（2006），頁138～150。定稿：二〇〇六年四月二十三日。

〈印刷的文字．無用的裝幀〉。《基道文字通訊》第三十二期，二〇〇七年二月，頁2～3。定稿：二〇〇六年十一月十八日。

二〇〇七

〈詞語破碎處，無物存在〉，「詩外」。《寂入流感》。莊柔玉著。香港：新華書城，2007。定稿：二〇〇七年二月十八日。

〈一種空的文字學——從龍樹到德里達〉。定稿：二〇〇七年三月二十三日。

著，莊柔玉譯。香港：基道出版社，2003。定稿：二〇〇二年十二月三日。

二〇〇三

〈彰顯中的隱藏：禪宗與巴特的語言文字觀——取道德里達〉一文以〈禪宗與巴特的語言文字觀——取道德里達〉為題，載《佛教與基督教對話》，頁281～290。吳言生、賴品超、王曉朝編。北京：中華書局，2005。定稿：二〇〇三年七月二十四日。

〈德里達有（甚麼）（神學思考）的意義？〉。《道風：基督教文化評論》第二十期（2004），頁159～179。定稿：二〇〇三年八月三十日。

二〇〇五

〈自然．道言：道家的道言觀之再思〉一文以〈道家哲學的道言觀之再思〉為題，載《復旦哲學評論》第三輯（2006），頁24～34。定稿：二〇〇五年一月三日。

〈因詩而思〉。《基督教週報》第二一一一期，二〇〇五年二月六日，頁9。定稿：二〇〇五年一月廿八日。

一九九九

〈再思言與道〉。《中國神學研究院期刊》第三十一期（2001），頁145～163。定稿：一九九九年七月十二日。

〈文字・虛擬〉一文曾以〈文字・虛擬——二十一世紀前的斷簡式前言〉為題，載《中國神學研究院期刊》第二十八期（2000），頁63～79。定稿：一九九九年十一月一日。

二〇〇〇

〈關於痕／迹〉。載《痕／迹》，頁5～8。韓瑪紹著，莊柔玉譯。香港：基道出版社，2000。定稿二〇〇〇年二月二十五日。

〈神學——因他者而思〉。載《在信仰之思的途中》，頁159～179。鄧紹光編。香港：基道出版社，2000。定稿：二〇〇〇年七月十一日。

二〇〇二

〈遊於文字天地間〉。《獨者》第五期（2004），頁141～157。寫於：二〇〇二年五月至八月。

〈在可譯與不可譯之間・在圖畫與文字之間〉。載《荒漠的智慧》，頁 xi～x。野村湯史

[一] Jacques Derrida, *Of Grammatology*, trans. Gayatri Chakravorty Spivak (Baltimore and London: The Johns Hopkins University Press, 1976), p. 158.

[二] Jacques Derrida, *Limited Inc*, trans. Samuel Weber, Jeffery Mehlman, Alan Blass (Evanston: Northwestern University Press, 1988), p. 136.

[三] 此文的第一部分原是應基督教出版聯會的邀請於一九九八年五月四日至七日在第四屆基督教華人文字事工研討會上發表的，題目為「廿一世紀的文化之趨勢對出版的挑戰與回應」。

[四] 此文原講於二〇〇五年一月二十八日信義宗神學院主辦的第二十六屆湯清基督教文藝頒獎禮。

[五] 最先於二〇〇二年五月至八月，在香港基督徒畢業生團契的網頁上《畢解》第二十五期至第三十七期發表。

[六] 關於重複閱讀之可能性，請參 Simon Glendinning, "Language," in *Understanding Derrida*, eds. Jack Reynolds and Jonathan Roffe (New York/London: Continuum, 2004), pp. 5～13.

部分（一九九八年）到最近的〈詞語破碎處，無物存在〉（二〇〇七年），前後十年，無不是在一種缺乏相關漢語累積資源的脈絡／處境底下來進行。是的，每一次的寫作，都有一種仿似從頭開始的感覺，然而，卻又不完全是從頭開始。而更深刻的感覺卻是孤獨，一種思想行進中的孤獨，因為所闖進的領域乃是一個在漢語學界人迹罕至的荒源。在思想未及思想的地方，引領我們前進的就只可能是語言和文字中的他者，它們陰魂不散，精神不死，卻是我們繼續思想那未及思想的地方的可能條件。我這裏寫下的文字，原是我個人思想的痕迹，及其印行成書，我但願其生命與意義，只因當中那尚未完全出場的他者，在不同的文本／脈絡／處境中翩然而至，得以生生不息，難以斷絕。

鄧紹光

二〇〇七年三月二十六日

或跋或序於香港．西貢北．西澳

絡／處境之中。這些散落各處的文字之所以還值得重新印行，因為當它們被聚集一起而互為脈絡／處境之時，同一又相異、延續又斷裂的意義就從隱藏之中透現出來。因此，我必須感謝那些容讓這些文字在諸多獨特場景之中透過不同媒體露面的朋友們，現在又繼續讓它們在另一個意想不到的組合中再次現身。我必須指出，我的感謝並非出之於作者的身分，而毋寧說，只是出之於讀者的身分。因為書寫文字的絕對不在場所蘊涵的剩餘意義，由此溢瀉而出。

無疑，德里達陰魂不散、精神不死，他是整本文集每一篇文章的脈絡／處境。我個人毫不諱言地承認每次我思想語詞文字之時，總是很自然地讓德里達出場，當然還有晚年的海德格（Martin Heidegger, 1889～1976，或譯海德格爾）。如果德里達，以及海德格是我思想上的脈絡／處境，那麼，二十多年來的文字工作經驗：編輯、翻譯、寫作、策劃、製定政策和路線，卻是實踐上的脈絡／處境。只是，這個實踐上的脈絡／處境沒有提供過任何思想的資源，去證立文字工作的價值或意義，或者準確地說，沒有提供過任何就文字之本性與作用的深刻反省與分析，頂多停留在工具義的理解層面。這裏的文章，其實都在一種探索深思的心情底下而寫成，從最早寫成的〈文字．虛擬〉的第一

種，就是網上出版：「遊於文字天地間」。[五] 這些文章都曾經有過某些特定脈絡／處境的讀者。它們原是散落於許多不同的脈絡／處境之中，只是如今因著某些原因被聚集一起，自身互相成為彼此的脈絡／處境。這些文章並不因為它們脫離了原初的脈絡／處境而失去意義，相反，文本作為痕迹，抖落原來的脈絡／處境而在另一脈絡／處境出現，其生命、意義則可不斷延續下去。但這種延續並非僅化的重複，一成不變，卻是在延續中出現斷裂，在同一中出現差異，生命與意義因此而豐富多姿。書寫文字之所以可以不斷重複閱讀，乃在於其為痕迹，其意義是語言的他者，是絕對的不在場，總不會全然臨在。[六] 這是德里達的看法。我亦如是看。

這些書寫的文字所關心的，是書寫的文字之自身。書寫的文字透過書寫來關懷其自身的本性與作用，當其以書寫的方式來關懷其自身之時，實質乃展示、示現其本性。書寫文字的書寫作用，其實是即活動即存有，離開書寫文字的痕迹運動，即不能如其所如地了解書寫文字的本性。不同的文章各以相異的方式、角度，去思考書寫的文字。是的，我以書寫的文字斷斷續續地去思考書寫的文字，日子久了，也就斷斷續續地留下了這些書寫的文字於許多不同的脈

或跋或序

「文本以外無一物。」這是法國哲學家德里達（Jacques Derrida, 1930～2004，或譯德希達）所書寫的 *"il n'y a pas de hors-texte"* 的漢語翻譯，英譯則作 "There is nothing outside of the text"。[一] 後來德里達在回應對此語誤解為一無所有時寫道：「脈絡以外無一物。」（There is nothing outside context.）[二] 一切都在文本／脈絡中成其所是。這篇序／跋如是，這裏收的文章也如是。這裏收的文章曾經在不同的文本／脈絡／處境中現身而顯出某種意義。有些純粹只以印刷文字的身分出現，如〈關於痕／迹〉及〈在可譯與不可譯之間‧在圖畫與文字之間〉，是同一位譯者兩種翻譯作品的序言，〈印刷的文字‧無用的裝幀〉是《基道文字事工通訊》某期的主題文章，〈詞語破碎處，無物存在〉則為一本詩集的「詩外」。另外一些首先是以講演的方式走向世界，然後方才在印刷媒體中發表，〈文字‧虛擬〉的第一部分[三] 和〈因詩而思〉[四] 即是如此。還有最後一

神學發展，由於它的反形上學和反邏各斯中心主義，已的確為神學和哲學開啟了更多新空間和新座標。而鄧紹光博士對這些問題的理解，由於知識完足，在華人青壯輩學者裏的確可稱佼佼之士。有了完足的知識準備，的確也應該到了從事更多思考與著述的時候了。

也正因此，當我讀畢此書，對作者其實有著另一層更高的盼望，那就是由於時代的與時俱進，目前這個時刻，的確已到了對中國思想做出更多反省與重新詮釋的時候了。那是個學術大舞台，它正是為有如本書作者這一輩做準備的。我早年讀唐君毅先生著作，對他的「中國文化花果飄零論」很有戚戚之感。我相信在新一代青壯輩努力之下，那種惘然的時代也應該到了該結束的時候。

是為對此書的推薦並兼期許。

南方朔

二〇〇七年六月二十六日

是一種工具主義；它在探討當代中國大陸學者意圖以類比的方式為基督教和中國文化對話搭起橋樑時，在許多觀念上略嫌含混的這種現象，也的確發人深省，而他在討論佛家的「空」與解構哲學的互通，也同樣值得我們繼續發揮。

因此，這本文集雖然看來有如隨想式的即興筆記，但其中卻有著可觀的知識含金量。而所有的文章裏，德里達的解構哲學都是主軸，由這些文章，凡是對德里達思想不是那麼熟悉的人，也可透過德里達思想的運用，而多出一番理解。這也就是說，閱讀這樣的著作，對讀的人而言，形同是個頭腦體操。當我們心隨書走，對思想的活化，當會有另一層的收穫。

個人因為長期從事評論工作而必須涉獵西方思想。在長期的歷練後，日益深信當我們觀察及分析西方問題，對西方文化基礎的古典學，以及西方哲學之母的神學這兩大支柱必不可廢。而西方的古典學和神學，又都隨著時代的變遷，而不斷尋找活水來重新灌溉和重新詮釋。而到了當代，解構主義興起，由於它的哲學底蘊讓人覺得太陌生，因而很長一段時間，都被習慣於啟蒙以來「現代性」思維的人誤讀，認為它是一種價值虛無主義，語言化約主義，知識論上的相對主義。這種誤讀，不但讓我們錯過了對別人了解的時程，當然也延後了我們自我反思的出發。根據個人有限的理解與認識，晚近的解構

人也向神學這個方向轉移，因而「解構神學」已不再只是否定性的「神死神學」而已，更成了神學再出發的重要起點和一扇新的機會之窗，在這樣的發展之後，「解構神學」和佛家思想的對話，也在西方和日本方面展開。這些都是當代思想研究上的重要進程。

而鄧紹光博士在這個當代學術典範轉移，思想反思重組的時刻，卻恰恰好的佔有了非常巧妙的位置。他唸哲學出身，曾受業於新儒家大師牟宗三先生，而後負笈英倫，專攻近代德國神學大師莫特曼的「盼望神學」，而後又投注精力在德里達的「解構哲學」以及開其端的海德格哲學上。由於兩腳分踩東西哲學兩端，遂給了他悠遊於兩者之間的知識基礎。這也讓他在反思中國當代思想問題時，多出了一些我們很少想到的向度。

例如，近代新儒家有感於世界的塌陷，中國文化的花果飄零，因而產生了一種以自我主體性為使命感的浪漫悲情，而在悲情裏又有著極強的自我救贖性格，這乃是它每能吸引熱情學子向它靠近的原因。而對已從新儒家這個思維路徑走過來了的鄧紹光博士，當然已見山不再是山，因而他遂指出這種以自我主體性為起點的悲情，又怎能避免陷入塌陷中的塌陷，迷執中的迷執這樣的陷阱？新儒家的思想裏有著濃厚而類比於康德主觀哲學的那種「現代性」，它確屬有著陷阱與自我膨漲的可能性，鄧紹光博士的這部份反思，確實有著雄辯性，而他在反思新儒家對道家思想的詮釋時，也直指它將語言觀視為

江山代有才人出！

南方朔，「專業讀書人」，文化及時事評論家。

雖然神學教授鄧紹光博士自稱「研究與寫作都不過是散論文章，結集成書亦只是文集，惟此而已」，但我在拜讀他這本文集《詞語破碎處——言離道斷的神哲學反思》後，卻也不得不為他胸中的丘壑所驚倒。此書所收的文章，看似互不相屬，自成零珠散玉，但任何人在通讀之後當會發現，它其實是被一個統一的關懷架構所包裹的，於是全書就像大珠小珠落玉盤一樣，合而成為動人的知識樂章。

因此，凡關切近代神學走向，以及對中國新儒家、佛家與道家思想重新詮釋批判有興趣的讀者，都不妨將這本文集當做一個思考的起點。此書的許多論旨，其實都大有可繼續發揮的空間。

根據個人淺薄的學術認知，自從一九八二年多位美國神學家自法國思想家德里達處獲得啟發，因而開創「解構神學」後，這個在「後現代神學」裏佔有重要地位的神學系統，即持續發展、修正、調整，到了一九九〇年代末期，終告大體完竣，加以德里達本

鄧紹光

詞語破碎處

言離道斷的神哲學反思

Where Word Breaks Off The Philosophical and Theological Reflection of the Brokenness of the Way/Logos apart from the Word

詞語的破碎、缺失，遮蔽其自身，
但卻給出了存有，語言乃存有之安宅。